ADGD0061

CONTABILIDAD BÁSICA

ADGD0061

CONTABILIDAD BÁSICA

Manuel Gutiérrez Viguera
Álvaro Couso Ruano

La ley prohíbe
fotocopiar este libro

ADGD0061 - CONTABILIDAD BÁSICA
© Manuel Gutiérrez Viguera, Álvaro Couso Ruano
© De la edición: Ra-Ma 2025

MARCAS COMERCIALES. Las designaciones utilizadas por las empresas para distinguir sus productos (hardware, software, sistemas operativos, etc.) suelen ser marcas registradas. RA-MA ha intentado a lo largo de este libro distinguir las marcas comerciales de los términos descriptivos, siguiendo el estilo que utiliza el fabricante, sin intención de infringir la marca y solo en beneficio del propietario de la misma. Los datos de los ejemplos y pantallas son ficticios a no ser que se especifique lo contrario.

RA-MA es marca comercial registrada.

Se ha puesto el máximo empeño en ofrecer al lector una información completa y precisa. Sin embargo, RA-MA Editorial no asume ninguna responsabilidad derivada de su uso ni tampoco de cualquier violación de patentes ni otros derechos de terceras partes que pudieran ocurrir. Esta publicación tiene por objeto proporcionar unos conocimientos precisos y acreditados sobre el tema tratado. Su venta no supone para el editor ninguna forma de asistencia legal, administrativa o de ningún otro tipo. En caso de precisarse asesoría legal u otra forma de ayuda experta, deben buscarse los servicios de un profesional competente.

Reservados todos los derechos de publicación en cualquier idioma.

Según lo dispuesto en el Código Penal vigente, ninguna parte de este libro puede ser reproducida, grabada en sistema de almacenamiento o transmitida en forma alguna ni por cualquier procedimiento, ya sea electrónico, mecánico, reprográfico, magnético o cualquier otro sin autorización previa y por escrito de RA-MA; su contenido está protegido por la ley vigente, que establece penas de prisión y/o multas a quienes, intencionadamente, reprodujeren o plagiaren, en todo o en parte, una obra literaria, artística o científica.

Editado por:
RA-MA Editorial
Calle Jarama, 3A, Polígono Industrial Igarsa
28860 PARACUELLOS DE JARAMA, Madrid
Teléfono: 91 658 42 80
Fax: 91 662 81 39
Correo electrónico: *editorial@ra-ma.com*
Internet: *www.ra-ma.es* y *www.ra-ma.com*
ISBN: 979-13-8764-233-4
Depósito legal: M-4398-2025
Maquetación: Antonio García Tomé
Diseño de portada: Antonio García Tomé
Filmación e impresión: Safekat
Impreso en España en febrero de 2025

ÍNDICE

INTRODUCCIÓN

La contabilidad, como otras ramas del conocimiento humano, nació de la práctica. En su origen fue simplemente empírica y respondía a necesidades de registro de operaciones para los comerciantes. Para esta faceta de simple registro de operaciones se desarrolló el sistema de partida doble, que desde hace muchos años y en la actualidad, es de general aceptación y universalidad.

Más tarde, en diversos Códigos de Comercio se recurrió a la contabilidad como instrumento para la rendición de cuentas por parte de los administradores. También la normativa fiscal, en relación con el impuesto sobre el beneficio de las empresas, basó su determinación en la información facilitada por la contabilidad.

Actualmente la contabilidad es además un sistema de información económica-financiera para su utilización por directivos y para otros interesados.

Resulta evidente, por tanto, que el conocimiento de la contabilidad no solo es de interés, como es obvio, para los profesionales de dicha materia, sino también puede resultar interesante, con distintos grados de conocimiento, desde otras vertientes.

El objetivo del presente libro es el de ofrecer una iniciación al conocimiento de la contabilidad partiendo de cero, con el fin de alcanzar unas nociones básicas sobre dicha materia, suficientes para entender adecuadamente sus fundamentos y significado y además poder continuar profundizando, si se estima conveniente, en dicho conocimiento.

Al tratarse de una iniciación a la contabilidad en los primeros capítulos se recogen los fundamentos básicos del sistema de registro de partida doble, sustentados en una serie de convenios previamente establecidos, que pueden considerarse como el lenguaje de la contabilidad.

También se recoge, al principio, una sucinta descripción de los estados contables, en los que de una forma resumida, se plasma la situación económica-financiera de la empresa en un momento dado. En estos estados contables cabe distinguir una serie de áreas (inmovilizado material, inmovilizado intangible, existencias, crédito a clientes, tesorería, ingresos, gastos, etc.) que se estudiarán en la presente publicación, de una forma separada con mayor detalle.

Para la exposición de dichas áreas se ha recurrido a su casuística contable con numerosos ejemplos debidamente resueltos y comentados. Cabe también advertir que en todas las anotaciones contables, derivadas de la casuística estudiada, se ha hecho hincapié en los convenios de registro del sistema de partida doble, recogidos, como ya se ha indicado en los primeros capítulos.

Por último se hace mención a las cuentas anuales que las empresas deben cumplimentar al final de cada ejercicio, como resumen de todo el proceso contable habido durante el mismo.

El objetivo del presente libro es, tal como ya se ha indicado el facilitar la iniciación al conocimiento de la contabilidad partiendo de cero.

Confiamos acercarnos al menos a la consecución del objetivo señalado, contando siempre, por supuesto con el benevolente reconocimiento por parte del lector.

LOS AUTORES

Mayo 2013

Capítulo 1

FUNDAMENTOS BÁSICOS DE LA PARTIDA DOBLE COMO SISTEMA DE REGISTRO DE OPERACIONES

1.1 CONCEPTO Y OBJETIVO DE LA CONTABILIDAD

La contabilidad, como otras ramas del conocimiento humano, nació de la práctica. En su origen fue simplemente empírica y respondía a **necesidades de registro**. Se desarrolló como sistema de **rendición de cuentas** para administradores, siendo en la actualidad, base de **información para la toma de decisiones** por los responsables de la empresa.

A la contabilidad se le ha asignado el objetivo de facilitar:

-   El **patrimonio** de la empresa.

-   El **resultado económico** (pérdida o ganancia).

Normalmente, el patrimonio de la empresa está referido al final del ejercicio económico y el resultado (pérdida o ganancia) correspondiente a dicho ejercicio económico.

Un ejercicio económico tiene una duración de doce meses consecutivos, que suelen coincidir con el año natural, aunque no siempre es así.

1.2 CONCEPTO DE PATRIMONIO

El patrimonio está formado por el **conjunto de bienes**, **derechos y obligaciones** de una empresa.

Así, por ejemplo, en una empresa comercial, el patrimonio está formado por:

A) **ELEMENTOS PATRIMONIALES QUE CONSTITUYEN BIENES**:

- Dinero depositado en caja.

- Dinero depositado en bancos.

- Mercaderías para su venta.

- Mobiliario de la oficina, de las tiendas y almacenes.

- Vehículos de reparto de mercaderías.

- Edificios e instalaciones donde estén ubicadas la oficina, tiendas y almacenes, que sean propiedad de la empresa.

- Etc.

B) **ELEMENTOS PATRIMONIALES QUE CONSTITUYEN DERECHOS**:

- Facturas a cobrar a clientes.

- Letras de cambio a cobrar a clientes.

- Etc.

C) **ELEMENTOS PATRIMONIALES QUE CONSTITUYEN OBLIGACIONES**:

- Facturas a pagar a los proveedores.

- Letras de cambio a pagar a los proveedores.

- Préstamos obtenidos de los bancos.

- Impuestos devengados pendientes de pago.

- Seguridad Social pendiente de pago.

- Etc.

Por tanto, el patrimonio se puede formular de la forma siguiente:

$$B + D - O = P$$

B = Bienes

D = Derechos de cobro

O = Obligaciones de pago

P = Patrimonio

1.3 MASAS PATRIMONIALES CONTABLES

Una **masa patrimonial** es una agrupación de elementos patrimoniales homogéneos, es decir: **que tienen la misma funcionalidad**.

En una primera aproximación podemos distinguir las siguientes masas patrimoniales en la contabilidad:

ACTIVO: conjunto de bienes y derechos de la empresa.

PASIVO: deudas y demás obligaciones pendientes de pago por la empresa.

NETO: el valor del patrimonio de la empresa, es decir: la aportación efectuada por el empresario (capital) y los beneficios obtenidos que no han sido retirados y quedan en la empresa. Este NETO está materializado en los bienes, derechos y obligaciones.

Resulta, por tanto, evidente que:

ACTIVO – PASIVO = NETO

O lo que es igual:

ACTIVO = PASIVO + NETO

Es frecuente en contabilidad llamar a la suma de **PASIVO + NETO**, solamente **PASIVO**.

De aquí la igualdad contable tan conocida expresada por:

ACTIVO = PASIVO

1.4 REPRESENTACIÓN DE LOS ELEMENTOS PATRIMONIALES A TRAVÉS DE CUENTAS

Cada uno de los elementos patrimoniales (dinero, mercaderías, etc.), debidamente valorados en moneda nacional, se representan en contabilidad a través de la instrumentación llamada cuenta.

A continuación, exponemos una primera relación de elementos patrimoniales (tanto de activo como de pasivo o neto) con la denominación de la cuenta correspondiente, de acuerdo con el Plan General de Contabilidad vigente en España debidamente codificado.

CUENTA	ELEMENTO PATRIMONIAL
(570) CAJA, EUROS	Dinero en moneda nacional depositado en caja.
(571) CAJA, MONEDA EXTRANJERA	Dinero en moneda extranjera depositado en caja.
(572) BANCOS E INSTITUCIONES DE CRÉDITO C/C VISTA. EUROS	Dinero en moneda nacional depositado en cuentas bancarias de disposición inmediata.
(430) CLIENTES	Derechos de cobro sobre clientes que no están documentados en letras o pagarés.
(431) CLIENTES. EFECTOS COMERCIALES A COBRAR	Derechos de cobro sobre clientes documentados en letras o pagarés.
(300) MERCADERÍAS	Productos para la venta.
(210) TERRENOS Y BIENES NATURALES	Solares y otros terrenos, minas y canteras.
(211) CONSTRUCCIONES	Edificaciones.
(216) MOBILIARIO	Muebles, equipos de oficina, con excepción de ordenadores electrónicos.
(217) EQUIPOS PARA PROCESOS DE INFORMACIÓN	Ordenadores y demás equipos electrónicos.
(218) ELEMENTOS DE TRANSPORTE	Vehículos.

(400) PROVEEDORES	Obligaciones de pago con los proveedores no documentados en letras ni en pagarés.
(401) PROVEEDORES. EFECTOS COMERCIALES A PAGAR	Deudas con los proveedores documentados en letras o pagarés.
(100) CAPITAL SOCIAL	Capital recogido en las escrituras en las empresas de forma societaria.
(102) CAPITAL	Aportación del propietario en la empresa individual.

1.5 LA CUENTA: CONCEPTO Y ESTRUCTURA

La **cuenta**, tal como se ha indicado con anterioridad, es un **instrumento de representación** de una clase de elementos patrimoniales.

Por tanto, cabe distinguir entre:

- **Cuentas de activo**: representan elementos patrimoniales constituidos por bienes y derechos.

- **Cuentas de pasivo**: representan elementos patrimoniales constituidos por obligaciones de pago o deudas.

- **Cuentas de neto**: representan las aportaciones del empresario.

La cuenta en forma esquematizada presenta dos partes:

- **Parte izquierda (llamada DEBE).**

- **Parte derecha (llamada HABER).**

Advertimos al lector, que las denominaciones DEBE y HABER desde el punto de vista contable **no tienen la misma significación que en el sentido estrictamente gramatical**. Se trata simplemente de un convenio de denominación.

La estructura abreviada de una cuenta es, por tanto la siguiente:

DEBE	TÍTULO	HABER

Ejemplo:

DEBE	(570) CAJA, EUROS	HABER

Se llama **cargar** una cuenta a efectuar una anotación en el DEBE, es decir, en su parte izquierda.

Se denomina **abonar** una cuenta a realizar una anotación en el HABER, es decir, en su parte derecha.

1.6 SISTEMA DE REGISTRO CONTABLE LLAMADO DE PARTIDA DOBLE

Este sistema de registro contable es prácticamente de general aplicación y tiene carácter de universalidad.

Si observamos cualquier hecho económico, veremos que tiene un **doble efecto**. Por ejemplo: la empresa ha adquirido mercaderías por 2.215 euros que ha pagado al contado.

En este caso el doble efecto será:

- Por un lado, las mercaderías han aumentado en 2.215 euros por la compra.

- Por otro lado, el dinero ha disminuido en 2.215 euros por el pago efectuado.

Veamos otro ejemplo: la empresa adquiere mobiliario por 3.000 euros que pagará mediante una letra a 90 días. En este caso el doble efecto vendrá dado por:

- Por un lado el mobiliario de la empresa ha aumentado en 3.000 euros, como consecuencia de la compra efectuada.

- Por otro lado, las deudas de la empresa han aumentado en 3.000 euros, que tendrán que pagarse dentro de 90 días al suministrador del mobiliario.

Como resulta obvio, el doble efecto trae consigo una anotación en una cuenta y una anotación en otra cuenta. Esta doble anotación contable es la que justifica la denominación dada, el sistema de registro: **partida doble**.

1.7 CONVENIO DE CARGO Y ABONO EN LAS CUENTAS, DE ACUERDO CON EL SISTEMA DE REGISTRO DE PARTIDA DOBLE

El convenio parte de la igualdad fundamental (ya formulada con anterioridad).

ACTIVO = PASIVO + NETO

Que también puede expresarse:

BIENES + DERECHOS = OBLIGACIONES + NETO

De acuerdo con el convenio las anotaciones se harán de la forma siguiente:

- **Se anotará en el debe (parte izquierda de la cuenta)**:

  - La contabilización al inicio del ejercicio de las cuentas que representen bienes y derechos (activo).

  - Los aumentos de las cuentas que representen igualmente bienes y derechos (activo).

- En contraposición se anotará en el haber (parte derecha de la cuenta) las disminuciones de bienes y derechos (activo).

- **Se anotará en el haber (parte derecha de la cuenta)**:

  - La cantidad al inicio del ejercicio de las cuentas que representen obligaciones y neto.

  - Los aumentos de las cuentas que representen obligaciones y neto.

- En contraposición se anotará al debe (parte izquierda de la cuenta) las disminuciones de obligaciones y de neto.

De una forma resumida el convenio se puede expresar también en los siguientes términos:

- Se anotan al **DEBE** (parte izquierda de la cuenta) las cantidades iniciales de bienes y derechos así como sus aumentos. Al lado contrario **HABER** (parte derecha de la cuenta) se anotarán sus disminuciones.

- En contraposición con lo anterior, las cantidades iniciales y los aumentos de obligaciones y de neto se anotan en el **HABER** (parte derecha de la cuenta) y las disminuciones al **DEBE** (parte contraria, es decir: izquierda de la cuenta).

Veamos algunos ejemplos de aplicación del convenio esbozado:

EJEMPLO Nº 1

La empresa compra mercaderías, por 2.500 euros, al contado.

La cuenta de **MERCADERÍAS** (que es una cuenta de activo, que representa bienes), ha aumentado en 2.500 euros, por tanto, la anotación contable hay que hacerla en el **DEBE** (parte izquierda de dicha cuenta).

El dinero en **CAJA** (que es una cuenta de activo que representa moneda nacional depositada en caja) ha disminuido en 2.500 euros, por tanto, la anotación contable hay que hacerla, en la indicada cuenta, en su **HABER** (parte derecha de la cuenta).

Esta anotación contable presenta el doble efecto:

DEBE	MERCADERÍAS	HABER
2.500		

DEBE	CAJA, EUROS	HABER
		2.500

EJEMPLO N° 2

La empresa compra mercaderías, a crédito por importe de 3.000 euros, a pagar dentro de tres meses.

La cuenta de **MERCADERÍAS** (que es una cuenta de activo, que representa bienes), ha aumentado en 3.000 euros, por tanto, la anotación contable hay que hacerla en el **DEBE** (parte izquierda de dicha cuenta).

Por otro lado ha nacido una obligación de pago a favor de **PROVEEDORES** que aumenta las deudas en 3.000 euros, en consecuencia, la anotación contable hay que hacerla, en la indicada cuenta, en su **HABER** (parte derecha de la cuenta).

Esta anotación contable presenta el doble efecto:

DEBE	MERCADERÍAS	HABER
	3.000	

DEBE	PROVEEDORES	HABER
		3.000

EJEMPLO N° 3

La empresa, transcurridos los tres meses, paga los 3.000 euros al proveedor a través de transferencia bancaria.

La cuenta de **PROVEEDORES** (que es una cuenta de obligaciones), ha disminuido en 3.000 euros, al quedar pagada la deuda. Por tanto, la anotación contable hay que efectuarla en el **DEBE** (parte izquierda de dicha cuenta).

El dinero en **BANCOS** (que es una cuenta que representa bienes) disminuye en 3.000 euros, al hacerse la transferencia a favor del proveedor, por tanto, la anotación contable tendrá que recogerse en el **HABER** (parte derecha de la cuenta).

El doble efecto vendrá dado por:

DEBE	PROVEEDORES	HABER
	3.000	

DEBE	BANCOS	HABER
		3.000

Cada uno de los ejemplos que acabamos de ver constituye un **HECHO CONTABLE**, que ha supuesto una anotación simultánea en el **DEBE** y en el **HABER** por el mismo importe en distintas cuentas.

1.8 CLASIFICACIÓN DE LOS HECHOS CONTABLES

Desde la óptica de su **repercusión en el patrimonio**, los hechos contables se pueden clasificar en:

- **Hechos permutativos.**

- **Hechos modificativos.**

- **Hechos mixtos.**

Un hecho **permutativo** es aquel que no trae consigo modificación (aumento o disminución) de la cuantía del patrimonio de la empresa. Por ejemplo: la adquisición de un vehículo, por importe de 15.000 euros, pagado con cheque bancario.

La anotación contable de este hecho será:

DEBE	ELEMENTOS DE TRANSPORTE	HABER
	15.000	

DEBE	BANCOS	HABER
		15.000

Como puede observarse, ha habido un **aumento** de 15.000 euros, en los bienes (elementos de transporte) y una **disminución**, por el mismo importe, en los bienes (dinero en **BANCOS**), por tanto, la **cuantía del patrimonio** que viene dada por la expresión:

BIENES + DERECHOS – OBLIGACIONES = PATRIMONIO

No ha variado. Simplemente, ha habido una **permuta** de 15.000 euros, de dinero en **BANCOS** por elementos de transporte. La cuantía del patrimonio, como se ha señalado, **sigue siendo la misma**.

En contraposición, un **hecho modificativo** supone un aumento o disminución de la cuantía del patrimonio de la empresa. Por ejemplo: el pago en efectivo del alquiler del local donde se encuentra ubicada la oficina de la empresa, por importe de 450 euros.

Si observamos la expresión del patrimonio:

BIENES + DERECHOS – OBLIGACIONES = PATRIMONIO

veremos cómo han disminuido los bienes **(CAJA)** y, por tanto, **la cuantía del patrimonio también ha disminuido** respecto a la que había con anterioridad, al haberse incurrido en un **gasto**.

Los hechos contables que recogen **gastos** o **ingresos** suponen disminuciones o aumentos, respectivamente, de patrimonio. **Son hechos modificativos**.

Un hecho contable es **mixto** cuando trae consigo una permuta y una modificación de la cuantía del patrimonio, al mismo tiempo. Por ejemplo: la venta de un terreno por importe de 60.000 euros cobrado a través de bancos, que figura en contabilidad por el coste que tuvo en su día, cifrado en 40.000 euros.

Como puede observarse existe un aumento de dinero en **BANCOS** por 60.000 euros que ha traído consigo, a su vez, una permuta con **TERRENOS** por 40.000 euros y una **GANANCIA** (aumento de patrimonio) por 20.000 euros.

El registro contable sería:

DEBE	BANCOS	HABER
60.000		

DEBE	TERRENOS	HABER
		40.000

DEBE	BENEFICIO PROCEDENTE DEL INMOVILIZADO	HABER
		20.000

1.9 CONVENIO DEL CARGO Y DEL ABONO PARA GASTOS E INGRESOS

Tal como se acaba de describir los hechos modificativos y mixtos originan aumentos (**GANANCIAS, INGRESOS**) o disminuciones (**PÉRDIDAS, GASTOS**) en el patrimonio de la empresa.

De acuerdo con el convenio del cargo y abono (véase epígrafe 1.7) las anotaciones contables por estas modificaciones de la cuantía del patrimonio son las siguientes:

PÉRDIDAS, GASTOS: se anotan en el **DEBE**, en cuanto constituyen disminuciones de patrimonio (neto), con las denominaciones adecuadas según la naturaleza de la pérdida o gasto de que se trate.

GANANCIAS, INGRESOS: se anotan en el **HABER**, por constituir aumentos de patrimonio (neto), con las denominaciones adecuadas según la naturaleza de la ganancia o ingreso correspondiente.

Veamos algunos ejemplos:

EJEMPLO N° 4

Se paga a través de bancos el recibo correspondiente al consumo de energía eléctrica del mes de octubre por un importe de 375 euros.

La doble anotación contable será:

DEBE	SUMINISTROS	HABER
375		

DEBE	BANCOS	HABER
		375

EJEMPLO N° 5

Se paga, por transferencia bancaria, un importe de 12.500 euros como aportación de la empresa a un Fondo de Pensiones externo de los empleados.

La doble anotación contable será:

DEBE	APORTACIONES A SISTEMA COMPLEMENTARIO PENSIONES	HABER
12.500		

DEBE	BANCOS	HABER
		12.500

EJEMPLO N° 6

Se vende un terreno con un coste en contabilidad de 75.000 euros, por un total de 115.000 euros que se cobra a través de bancos.

La anotación contable será:

DEBE	BANCOS	HABER
115.000		

DEBE	TERRENOS	HABER
		75.000

DEBE	BENEFICIO PROCEDENTE DE INMOVILIZADO	HABER
		40.000

Como puede observarse se han utilizado más de dos cuentas, lo que en la práctica es frecuente, ya que la doble anotación contable lo que condiciona es que la **anotación en el DEBE de las cuentas sume igual que lo anotado en el HABER de las otras, para reflejar un solo hecho contable**.

Capítulo 2

SUCINTA DESCRIPCIÓN DEL PROCESO DE PARTIDA DOBLE COMO SISTEMA DE REGISTRO DE OPERACIONES

2.1 LOS REGISTROS O LIBROS DE CONTABILIDAD

El proceso contable se recoge en tres registros o libros:

- **Libro diario**.

- **Libro Mayor**.

- **Balances**.

2.2 EL LIBRO DIARIO

Los documentos (facturas, albaranes, letras de cambio, recibos, nóminas del personal, etc.) donde se contienen las operaciones (hechos contables) de la empresa, son interpretadas, valoradas y recogidas en contabilidad, en primer lugar en el **LIBRO DIARIO** por orden cronológico, a través de **asientos contables**.

La **forma tradicional** de plasmar en el **LIBRO DIARIO** los asientos contables es la siguiente:

DEBE		HABER
	118 - 20 abril 2012 ---------	
50.000	**MOBILIARIO a BANCOS**	50.000
	Compra de muebles para la oficina.	
	119 -21 abril 2012--------------	
2.000	**CAJA a BANCOS**	2.000
	Retirado para necesidades de caja.	

Actualmente en la mayoría de los casos la contabilidad está informatizada. La estructura del **LIBRO DIARIO** suele ser del siguiente tenor, en la contabilidad informatizada:

NÚMERO ASIENTO	FECHA	CUENTA	CÓDIGO CUENTA	DEBE	HABER
118	20-04-12	Mobiliario	216	50.000	
		Bancos	572		50.000
119	21-04-12	Caja	570	2.000	
		Bancos	572		2.000

Como puede observarse las cuentas e importes que se anotan al **DEBE** están situadas al lado izquierdo, mientras que las anotaciones en el **HABER** están en la parte derecha.

Cada asiento contable va numerado y fechado por orden cronológico.

La **primera anotación** contable que se realiza en el **LIBRO DIARIO** es el llamado **asiento de apertura** que viene dado por las distintas cuentas que representan al patrimonio de la empresa en el momento en que el ejercicio comienza normalmente el 1 de enero.

Después se van recogiendo en el **LIBRO DIARIO todas las operaciones que la empresa va realizando durante el ejercicio económico.**

Al finalizar el ejercicio económico, normalmente el 31 de diciembre, se procede al llamado cierre contable que se plasma en el **LIBRO DIARIO**.

A comienzo del año siguiente se empieza de nuevo con el asiento de apertura.

2.3 EL LIBRO MAYOR

Todos los asientos recogidos en el Libro Diario tienen que trasladarse al **LIBRO MAYOR**, agrupados por cuentas. Es decir: en el **LIBRO MAYOR** se abre un doble folio para cada cuenta y se va recogiendo, en el **DEBE** o en el **HABER**, todo el movimiento del Diario.

La forma tradicional del LIBRO MAYOR se puede ver de acuerdo con lo anotado en el Libro Diario en el epígrafe anterior, suponiendo el **LIBRO MAYOR** abierto.

(FOLIO DE LA IZQUIERDA)   (FOLIO DE LA DERECHA)

DEBE	MOBILIARIO		HABER
118 – 20 – 04 – 12	50.000		

DEBE	BANCOS		HABER
		118 – 20 – 04 – 11	50.000
		119 – 21 – 04 - 11	2.000

DEBE	CAJA		HABER
119 – 21 – 04 – 12	2.000		

En la contabilidad informatizada la estructura del **LIBRO MAYOR** en relación con cada cuenta suele ser del siguiente tenor:

NÚMERO ASIENTO DIARIO	FECHA	CONCEPTO	DEBE	HABER
118	20-4-12	Adquisición de mobiliario	50.000	—

El **LIBRO MAYOR** recoge como primera anotación el traslado del asiento de apertura del Libro Diario, cuenta por cuenta, al **DEBE** o al **HABER**, según proceda.

A continuación se irán trasladando todos los asientos contables recogidos en el Libro Diario en el transcurso del ejercicio económico.

Al final del ejercicio o en un momento intermedio cada cuenta tendrá anotados unos importes en el **DEBE** y otros en su **HABER**. Ambos importes se suman por separado, obteniéndose:

- SUMA DEL DEBE.

- SUMA DEL HABER.

La diferencia entre ambas sumas se llama SALDO de la cuenta.

Si:

SUMA DEL DEBE > SUMA DEL HABER

tendremos **saldo deudor** que viene dado por:

SUMA DEL DEBE - SUMA DEL HABER = SALDO DEUDOR

Si:

SUMA DEL DEBE < SUMA DEL HABER

tendremos **saldo acreedor** que viene dado por:

SUMA DEL HABER - SUMA DEL DEBE = SALDO ACREEDOR

2.4 BALANCE DE COMPROBACIÓN

El **BALANCE DE COMPROBACIÓN**, que puede obtenerse a final del ejercicio o en cualquier otro momento intermedio del mismo, se obtiene de la forma siguiente:

- En el **LIBRO MAYOR** se suman todos los importes del **DEBE** y del **HABER**, cuenta por cuenta, a la fecha que se quiera tener el **BALANCE DE COMPROBACIÓN**.

- A continuación, a la vista del **LIBRO MAYOR**, se elabora el siguiente estado contable:

CUENTAS	SUMAS		SALDOS	
	DEBE	**HABER**	**DEUDORES**	**ACREEDORES**
CAJA	13.000	11.750	1.250	
BANCOS	48.500	32.820	15.680	
PROVEEDORES	59.000	75.100		16.100
CLIENTES	18.250	2.120	16.130	
MOBILIARIO	9.115	9.020	95	
MERCADERÍAS	4.500	~	4.500	
GASTOS PERSONAL	1.600	~	1.600	
CAPITAL SOCIAL	-	20.000		20.000
RESERVAS	~	1.860		1.860
OTRAS DEUDAS	4.820	6.115		1.295
TOTAL	158.785	158.785	39.255	39.255

Como es obvio, tendremos:

- **TOTAL SUMAS DEBE = TOTAL SUMAS HABER**

- **TOTAL SALDOS DEUDORES = TOTAL SALDOS ACREEDORES**

Como puede observarse el **BALANCE DE COMPROBACIÓN** recoge el resumen de todas las operaciones de la empresa, a través del proceso contable:

LIBRO DIARIO → **LIBRO MAYOR** → **BALANCE DE COMPROBACIÓN**

2.5 BALANCE DE SITUACIÓN Y CUENTA DE PÉRDIDAS Y GANANCIAS

Al final del año se procede a la **REGULARIZACIÓN DEL EJERCICIO** (véase el capítulo 16). Para ello hay que recoger en el **LIBRO DIARIO** una serie de asientos contables relacionados con los ingresos y con los gastos a fin de determinar el **RESULTADO FINAL DEL EJERCICIO**. Estos asientos del **LIBRO DIARIO** se pasan al **LIBRO MAYOR** y se obtiene de nuevo un **BALANCE**.

Este balance llamado **BALANCE DE SITUACIÓN** es el que se recoge en las **CUENTAS ANUALES** (véase el capítulo 17), para aprobar por los socios. A la vista de los datos de la regularización del ejercicio se obtiene también la **CUENTA DE PÉRDIDAS Y GANANCIAS** que igualmente forma parte de las **CUENTAS ANUALES**.

Con la obtención del **BALANCE DE SITUACIÓN** y de la **CUENTA DE PÉRDIDAS Y GANANCIAS** se finaliza el proceso contable del ejercicio.

2.6 EL PROCESO CONTABLE A TRAVÉS DE MEDIOS INFORMÁTICOS

Actualmente casi la totalidad de las empresas tienen informatizado el proceso contable, existiendo en el mercado numerosos programas informáticos para ello.

Cuando la empresa cuenta con la contabilidad informatizada, el proceso normal es el siguiente:

- Las operaciones tienen que interpretarse, valorarse y asignarle las cuentas que tienen que ir al **DEBE** y al **HABER**.

Normalmente este primer paso se recoge en un documento interno llamado **CÉDULA**, **BOLETÍN**, etc., en el que se plasma:

- Numeración de identificación del asiento contable.

- Fecha de contabilización.

- Cuentas debidamente codificadas y colocadas en el **DEBE** o en el **HABER**, según proceda.

- Importes de cada cuenta.

- Descripción breve de la operación de que se trate.

Los documentos (cédulas, boletines, etc.) se introducen en el ordenador, de acuerdo con las instrucciones del programa informático.

- A partir de esta información el ordenador la procesa, siguiendo los pasos descritos anteriormente:

$$\text{DIARIO} \rightarrow \text{MAYOR} \rightarrow \text{BALANCE}$$

- Por tanto, el **DIARIO**, el **MAYOR** y el **BALANCE**, se obtendrán del proceso informático. Hay que advertir que la estructura de estos registros contables no responde a la forma tradicional, aunque está, como es obvio, en la misma línea. Cada programa informático imprimirá la información tal como haya sido diseñada.

- Las hojas impresas por el ordenador se numeran y se encuadernan obteniéndose los libros correspondientes como en la contabilidad tradicional.

Capítulo 3

SUCINTA DESCRIPCIÓN DE LOS ESTADOS CONTABLES RESUMEN

3.1 LOS ESTADOS CONTABLES RESUMEN

Tal como se ha indicado en el epígrafe 5 del capítulo anterior el proceso contable termina con la obtención de los estados contables resumen:

- **Balance de situación**.

- **Cuenta de pérdidas y ganancias**.

3.2 BALANCE DE SITUACIÓN

En el **balance de situación** se recoge, debidamente cuantificado, **el patrimonio de la empresa a la fecha de cierre de dicho estado contable**. Por tanto, en el balance de situación, cabe distinguir:

A) **ACTIVO**:

Bienes y derechos.

B) **PASIVO**:

Deudas.

Evidentemente, de la diferencia entre el total del activo (bienes y derechos) y del pasivo (deudas) se obtiene el importe del **PATRIMONIO** de la empresa.

De donde:

ACTIVO – PASIVO = PATRIMONIO

Por tanto:

ACTIVO = PASIVO + PATRIMONIO

La estructura básica del balance de situación viene dada por tanto, por:

ACTIVO		**PASIVO Y NETO PATRIMONIAL**
- Bienes - Derechos de cobro	=	- Deudas - Patrimonio

En el **ACTIVO** cabe distinguir:

- Elementos del inmovilizado material.

- Elementos del inmovilizado intangible.

- Elementos del inmovilizado financiero.

- Existencias.

- Derechos de cobro contra clientes y otros deudores.

- Tesorería (activos líquidos).

Como puede observarse se trata del total de bienes y derechos de cobro que tiene la empresa a la fecha del balance de situación (normalmente a final del ejercicio a 31 de diciembre).

En el **PASIVO** cabe distinguir:

- Deudas financieras (por obtención de financiación ajena, como, por ejemplo, préstamos bancarios).

- Deudas comerciales (con proveedores de bienes y servicios).

- Otras deudas.

Como puede observarse en el **PASIVO** se recogen todas las **obligaciones de pago por deudas que tiene la empresa a la fecha del balance de situación**.

La diferencia entre el **ACTIVO** (bienes y derechos) y el **PASIVO** (deudas) constituye el **PATRIMONIO** aportado por la propiedad de la empresa. Esta propiedad puede ser:

- Personas a título individual.

- Sociedades mercantiles.

- Otras formas asociativas (cooperativas, fundaciones, asociaciones, etc.).

La aportación del patrimonio por parte de la propiedad de la empresa ha podido ser básicamente por:

- Aportaciones de capital en el momento constitutivo, o efectuadas con posterioridad (ampliaciones de capital).

- Beneficios obtenidos que quedan en la empresa (las llamadas **RESERVAS**).

3.3 DETALLE DE LA COMPOSICIÓN DEL ACTIVO

Tal como ya se ha indicado en el **ACTIVO** se recogen los bienes y derechos de cobro de la empresa a la fecha del balance de situación.

3.3.1 Composición del inmovilizado material

En el **INMOVILIZADO MATERIAL** se recogen todos los elementos tangibles físicamente que la empresa tiene para su funcionamiento y que normalmente permanecen varios años en la misma. Estos elementos materiales, tangibles se destinan a la actividad de producción (maquinaria, instalaciones técnicas, utillaje), a la actividad administrativa (equipos de oficina, ordenadores), a la actividad de distribución (elementos de transporte para el servicio de reparto), etc.

Como puede observarse se trata de elementos materiales que la empresa no destina a su venta sino que permanecen en la misma para atender las distintas actividades que se realizan de forma continuada. Lo normal es que permanezcan varios años utilizándose en la empresa. Como es obvio pueden ser objeto de venta dadas determinadas circunstancias, como puede ser su reposición por otros elementos nuevos.

Entre los elementos del **INMOVILIZADO MATERIAL** cabe señalar, entre otros, los siguientes:

- **Terrenos**.

- **Construcciones**.

- **Instalaciones**.

- **Maquinaria**.

- **Mobiliario**.

- **Vehículos**.

- **Etc**.

En el presente libro el **INMOVILIZADO MATERIAL** se va a tratar con mayor detalle en el capítulo 4.

3.3.2 Composición del inmovilizado intangible

En el **INMOVILIZADO INTANGIBLE** se recogen derechos legales o contractuales, que posibilitan a la empresa disfrutar de los mismos durante varios años. Estos derechos tienen valor económico pero como es obvio, no están materializados en elementos tangibles. Entre estos derechos cabe señalar, por ejemplo:

- **Patentes** amparadas por la propiedad industrial durante un número determinado de años.

- **Concesiones administrativas** que posibilitan, durante un tiempo determinado, la explotación privada de un servicio público.

- **Aplicaciones informáticas** que permiten disfrutar de la utilización de un programa determinado elaborado por terceros, de forma continuada.

- **Derechos de traspaso** que permiten la utilización de locales en régimen de alquiler, sustituyendo al anterior arrendatario.

- **Etc**.

Como puede observarse, todos estos derechos legales o contractuales tienen valor económico y han supuesto para la empresa desembolsos de recursos. Se caracterizan porque normalmente se puede disfrutar de ellos por la empresa durante varios años.

En la presente publicación el **INMOVILIZADO INTANGIBLE** se va a tratar con mayor detalle en el capítulo 5.

3.3.3 Composición del inmovilizado financiero

En el **INMOVILIZADO FINANCIERO** se recogen inversiones financieras realizadas por la empresa que van a tener una duración de varios años. Por ejemplo:

- **Adquisición o suscripción de acciones de otras empresas** con el propósito de permanencia en las mismas, normalmente para poder ejercer cierta influencia o control sobre ellas.

- **Préstamos concedidos a otras empresas** con vencimientos, al menos, superiores a un año.

- **Préstamos concedidos al personal de la empresa** con duración de varios años, como, por ejemplo, préstamos para vivienda.

- **Imposiciones bancarias** con plazos superiores a un año.

- **Etc**.

El **INMOVILIZADO FINANCIERO** se trata con mayor detalle en el capítulo 6.

3.3.4 Composición de las existencias

En **EXISTENCIAS** se recogen:

- **Artículos adquiridos por la empresa para su venta posterior.**

- **Productos fabricados por la empresa para su venta.**

- **Materiales adquiridos por la empresa para su utilización en el proceso de fabricación de productos destinados a su venta.**

- **Productos en proceso de fabricación**.

- **Materiales adquiridos por la empresa para su consumo interno (material de oficina, envases, embalajes, combustibles, etc.)**.

Las **EXISTENCIAS** se tratan con mayor detalle en el capítulo 7.

3.3.5 Composición de los derechos de cobro contra clientes y otros deudores

En **CLIENTES Y OTROS DEUDORES** se recogen los derechos de cobro de la empresa derivados de las operaciones del tráfico o actividad normal de la misma.

Normalmente los derechos más significativos son los originados por las ventas a crédito a **CLIENTES** pendientes de cobro.

Pero en el tráfico o actividad normal de la empresa surgen **OTROS DEUDORES** por diversas causas:

- Anticipos al personal de la empresa pendientes de deducción de la nómina correspondiente.

- Impuestos a devolver por Hacienda.

- Subvenciones obtenidas pendientes de cobro.

- Etc.

El detalle de **CLIENTES Y OTROS DEUDORES** se recogen en el capítulo 8.

3.3.6 Composición de tesorería (activos líquidos)

En **TESORERÍA** se recogen:

- **Dinero en efectivo normalmente en euros en poder de la empresa**.

- **Dinero en efectivo normalmente en monedas distintas al euro en poder de la empresa**.

- **Saldos favorables por dinero depositado en bancos**, de disposición inmediata.

El detalle de **TESORERÍA** se recoge en el capítulo 9.

3.4 DETALLE DE LA COMPOSICIÓN DEL PASIVO

Tal como ya se ha indicado, en el **PASIVO** se incluyen las obligaciones de pago derivadas de deudas de la empresa.

3.4.1 Composición de deudas financieras

Las **DEUDAS FINANCIERAS** de la empresa vienen motivadas principalmente por los préstamos bancarios obtenidos por la misma, pendientes de devolución.

El detalle de las **DEUDAS FINANCIERAS** se recoge en el capítulo 10.

3.4.2 Composición de las deudas comerciales

Las **DEUDAS COMERCIALES** son las que tiene la empresa por la compra de existencias que todavía están pendientes de pago. Se trata, como es obvio, de las dcudas con **PROVEEDORES**.

También cabe señalar las deudas por suministro de servicios recibidos por la empresa pendiente de pago. A los suministradores de servicios se les denomina contablemente como **ACREEDORES POR PRESTACIÓN DE SERVICIOS**.

Las **DEUDAS COMERCIALES** se recogen con mayor detalle en el capítulo 11.

3.4.3 Composición de otras deudas

En **OTRAS DEUDAS** se incluyen:

- **Deudas con el personal de la empresa** por remuneraciones pendientes de pago.

- **Deudas con Hacienda** por impuestos devengados pendientes de pago.

- **Deudas con la Seguridad Social** por cuotas y retenciones pendientes de pago.

El detalle de **OTRAS DEUDAS** se recoge en el capítulo 11.

3.5 DETALLE DEL PATRIMONIO NETO

Como ya se ha indicado:

ACTIVO – PASIVO = PATRIMONIO NETO

Esta igualdad matemática ha de interpretarse en el sentido de que el patrimonio neto de la empresa está **MATERIALIZADO** en bienes y derechos (**ACTIVO**) menos deudas (**PASIVO**). Pero, evidentemente, para posibilitar esta **MATERIALIZACIÓN** la propiedad de la empresa ha tenido que aportar recursos previamente con distinta procedencia. Esta procedencia, tal como ya se ha señalado (véase el epígrafe 2), puede ser por:

- **Aportaciones de capital en el momento constitutivo de la empresa.**

- **Aportaciones posteriores por ampliaciones de capital.**

- **Beneficios obtenidos que quedaron en la empresa (las llamadas contablemente RESERVAS).**

Por tanto en el balance de situación, al hacer referencia al **PATRIMONIO NETO**, se recoge esta diversidad de procedencia en las cuentas de **CAPITAL** y **RESERVAS**.

La suma de **CAPITAL** y **RESERVAS** se conoce contablemente como **FONDOS PROPIOS**.

Hay que advertir que los beneficios obtenidos durante el año se incluyen en **FONDOS PROPIOS** con signo positivo hasta que se distribuyen. En el caso de pérdidas también se incluyen en **FONDOS PROPIOS** pero, como es obvio, con signo negativo.

Los **FONDOS PROPIOS** se tratan con mayor detalle en el capítulo 12.

3.6 CUENTA DE PÉRDIDAS Y GANANCIAS

Se trata de un estado contable resumen obtenido al final del proceso contable de registro en el que se recoge:

INGRESOS – GASTOS = RESULTADO

El **RESULTADO** evidentemente puede ser de **GANANCIAS** o de **PÉRDIDAS**.

En la **CUENTA DE PÉRDIDAS Y GANANCIAS** se recogen todos los ingresos y gastos de una forma sistemática y debidamente clasificados por naturaleza.

Los **GASTOS** se tratan con el debido detalle en el capítulo 13 y los **INGRESOS** en el capítulo 14.

Capítulo 4

INMOVILIZADO MATERIAL

4.1 CONCEPTO DE INMOVILIZADO MATERIAL

En el **INMOVILIZADO MATERIAL** se recogen todos los elementos tangibles físicamente que la empresa tiene para su funcionamiento y que normalmente permanecen varios años en la misma. La denominación de **INMOVILIZADO** se fundamenta en que se trata de elementos que normalmente permanecen en la empresa varios años y **MATERIAL** por tratarse de elementos físicamente tangibles.

Los elementos del **INMOVILIZADO MATERIAL** que la empresa mantiene varios años para su funcionamiento se pueden destinar:

- **A la actividad de fabricación** (maquinaria, instalaciones técnicas, utillaje, edificios de la fábrica, mobiliario de la fábrica, etc.).

- **A la actividad administrativa** (equipo de oficina, ordenadores, instalaciones de oficina, mobiliario de oficina, etc.).

- **A la actividad comercial** (instalaciones de centros de ventas, mobiliario de centros de venta, vehículos para reparto de mercaderías a los clientes, etc.).

- **A la actividad de dirección** (mobiliario, vehículos para directores, edificio sede social, etc.).

Los elementos de **INMOVILIZADO MATERIAL** se destinan a las actividades señaladas y, por tanto, **no son objeto de venta en la actividad normal de la empresa. Pero ello no quiere decir que en determinadas circunstancias puedan venderse usados**, como por ejemplo, la venta de determinada máquina de la fábrica que va a reponerse por otra técnicamente más avanzada.

Los elementos que forman el **INMOVILIZADO MATERIAL** se recogen en el balance de situación en el ACTIVO ya que se trata de bienes en poder de la empresa.

Para la contabilización de las distintas operaciones relacionadas con elementos del **INMOVILIZADO MATERIAL**, se recuerda al lector (véase el epígrafe 1.7) que:

-   Los **aumentos** (al tratarse de bienes) se registran en el **DEBE** (parte izquierda de la cuenta).

-   Las **disminuciones** en el **HABER** (parte derecha de la cuenta).

4.2 CUENTAS DE INMOVILIZADO MATERIAL

En el Plan General de Contabilidad español se recoge un **CUADRO DE CUENTAS** donde se relacionan las distintas cuentas a utilizar debidamente codificadas para facilitar su tratamiento informático. En relación con el **INMOVILIZADO MATERIAL** se recogen las siguientes cuentas:

(210)   TERRENOS Y BIENES NATURALES

(211)   CONSTRUCCIONES

(212)   INSTALACIONES TÉCNICAS

(213)   MAQUINARIA

(214)   UTILLAJE

(215)   OTRAS INSTALACIONES

(216)   MOBILIARIO

(217)   **EQUIPOS PARA PROCESOS DE INFORMACIÓN**

(218)   **ELEMENTOS DE TRANSPORTE**

(219)   **OTRO INMOVILIZADO MATERIAL**

4.3 CONTENIDO DE LAS CUENTAS DE INMOVILIZADO MATERIAL

En la cuenta **(210) TERRENOS Y BIENES NATURALES** se recogen los siguientes elementos:

- **Solares y terrenos**.

- **Fincas rústicas**.

- **Bienes naturales** (minas, canteras, bosques, etc.).

Hay que advertir que el solar sobre el que se asienta un edificio se recoge en la cuenta **(210)**.

En la cuenta **(211) CONSTRUCCIONES** se recogen las edificaciones y otras construcciones con independencia de su destino (fábrica, centro comercial, oficina, etc.).

Como ya se ha indicado la parte correspondiente al solar se recoge contablemente en la cuenta **(210) TERRENOS Y BIENES NATURALES**. Así, por ejemplo, un edificio valorado contablemente en su conjunto en 610.000 euros estimándose un valor al solar de 105.000 euros se desdoblaría en:

(210) Terrenos y bienes naturales   105.000 euros

(211) Construcciones   505.000 euros

En la cuenta **(212) INSTALACIONES TÉCNICAS** se recogen las unidades complejas de uso especializado en el proceso productivo (por ejemplo una central térmica). Es evidente que toda la central térmica constituye una unidad de uso especializado, pero en cuanto a elementos de inmovilizado material, está formada por: edificaciones, maquinaria, sistemas informáticos, instalaciones diversas, etc. **Todos estos componentes aun siendo separables por naturaleza, están ligados de forma definitiva para su funcionamiento y deben tratarse contablemente de forma conjunta**.

En la cuenta **(213) MAQUINARIA** se recoge el conjunto de máquinas mediante las cuales se realizan las actividades productivas de la empresa.

En la cuenta **(214) UTILLAJE** se incluye el conjunto de utensilios y herramientas que se pueden utilizar autónomamente o conjuntamente con la maquinaria.

En la cuenta **(215) OTRAS INSTALACIONES** se recoge el conjunto de elementos ligados de forma definitiva para su funcionamiento que no son susceptibles de recogerse en la cuenta **(212) INSTALACIONES TÉCNICAS**. Por ejemplo, la instalación musical y de megafonía en un centro comercial.

En la cuenta **(216) MOBILIARIO** se recogen los muebles y enseres.

En la cuenta **(217) EQUIPOS PARA PROCESOS DE INFORMACIÓN** se recogen los ordenadores y demás conjuntos electrónicos de oficina.

En la cuenta **(218) ELEMENTOS DE TRANSPORTE** se recoge los vehículos de todas clases utilizables para el transporte terrestre, marítimo, fluvial o aéreo de personas, animales, materiales o mercaderías.

En la cuenta **(219) OTRO INMOVILIZADO MATERIAL** se recoge cualquier otro elemento de inmovilizado material no incluido en las demás cuentas enumeradas.

4.4 VALORACIÓN INICIAL DE LOS ELEMENTOS DEL INMOVILIZADO MATERIAL

Los elementos del inmovilizado material se valoran inicialmente por su precio de adquisición.

El **precio de adquisición** incluye:

- Importe facturado por el vendedor después de deducir cualquier descuento comercial o rebaja en el precio.

- Gastos adicionales directamente relacionados con la adquisición (transporte, derechos arancelarios, seguros).

- Gastos necesarios para la ubicación en el lugar y condiciones de funcionamiento para operar en la forma prevista (instalación, montaje).

Si la empresa se fabrica sus propios elementos de inmovilizado material (como, por ejemplo, una empresa constructora realiza con medios propios la construcción de su sede social) la valoración se hará por el coste de producción.

El **coste de producción** estará formado por:

- Coste de los materiales utilizados.

- Coste de la mano de obra empleada.

- Demás gastos afectos directa o indirectamente al proceso de fabricación del elemento de inmovilizado material de que se trate.

Tanto en la adquisición a terceros como en el caso de producción propia la empresa tiene que soportar **pagos por IVA**. En relación con este impuesto cabe señalar:

- Las cuotas de **IVA soportado** por la empresa al efectuar adquisiciones de bienes o servicios se restan de las cuotas de IVA repercutido a los clientes en las ventas. **La diferencia entre las cuotas repercutidas a los clientes y las cuotas soportadas en las adquisiciones se ingresan en Hacienda** (normalmente por trimestres). **En el caso de que las cuotas soportadas en las adquisiciones sean superiores a las cuotas repercutidas a los clientes en las ventas, la diferencia será devuelta por Hacienda.**

- Por tanto las cuotas de **IVA soportadas** en las adquisiciones de bienes y servicios se recuperan y en consecuencia **NO CONSTITUYEN coste para la empresa.**

- En determinados casos contemplados por la ley del IVA las cuotas de IVA soportadas en las adquisiciones de bienes y servicios, no se pueden restar de las cuotas repercutidas a los clientes por ventas. Por tanto, no se recuperan. En estos casos las cuotas soportadas por IVA **CONSTITUYEN coste para la empresa.**

Por tanto, en relación con la valoración inicial de los elementos del inmovilizado material, solo se incluirán como coste las cuotas de IVA soportado que no sean recuperables en la liquidación con Hacienda. Salvo determinadas excepciones, lo habitual es que las cuotas de IVA soportadas sean recuperables y, por tanto, **NO FORMAN PARTE del coste de los elementos del inmovilizado material**.

4.5 ADQUISICIÓN DE ELEMENTOS DEL INMOVILIZADO MATERIAL

La empresa X adquiere una máquina por importe de 9.800 euros.

El proveedor factura:

Precio de venta de la máquina	9.800 euros
IVA: 21 por 100	2.058 euros
	11.858 euros

El pago se va a efectuar dentro de 60 días.

Para la contabilización se ha de tener en consideración:

- Se trata de la adquisición de una máquina por importe de 9.800 euros, lo que supone un aumento en la cuenta **(213) MAQUINARIA**, que se anotará en el debe (parte izquierda de la cuenta) al tratarse de un aumento de bienes.

- Al mismo tiempo en la factura del proveedor se incluye IVA por importe de 2.058 euros. Este importe se va a restar en la liquidación del IVA con Hacienda. La empresa tiene, por tanto, el derecho de recuperar el IVA. Al tratarse de un aumento de derechos se anotará en la cuenta **(472) HACIENDA PÚBLICA, IVA SOPORTADO** en el debe (parte izquierda de la cuenta).

- Al proveedor se le adeuda un importe total de 11.858 euros, lo que supone un aumento de deudas que se anotará en la cuenta **(523) PROVEEDORES DE INMOVILIZADO** en su haber (parte derecha de la cuenta).

Por tanto la anotación contable será:

D	(213) MAQUINARIA	H
9.800		

D	(472) HACIENDA PÚBLICA, IVA SOPORTADO	H
2.058		

D	(523) PROVEEDORES DE INMOVILIZADO	H
		11.858

A los 60 días se paga al proveedor la deuda por un importe total de 11.858 euros. Este pago supone:

- Disminución de la deuda al pagarse la misma. Por tanto en la cuenta **(523) PROVEEDORES DE INMOVILIZADO** se anotará el pago en el debe (parte izquierda de la cuenta), por tratarse de una disminución de deuda.

- El pago supone la disminución del dinero en **(572) BANCOS**, lo que trae consigo una anotación al haber (parte derecha de la cuenta).

La anotación contable será:

D	(523) PROVEEDORES DE INMOVILIZADO	H
11.858		

D	(572) BANCOS	H
		11.858

Como puede observarse, después de este asiento contable, **(523) PROVEEDORES DE INMOVILIZADO** queda con saldo cero, ya que se ha anotado el mismo importe en el haber y en el debe.

4.6 AMPLIACIÓN Y MEJORA DE ELEMENTOS DEL INMOVILIZADO MATERIAL

La ampliación y mejora de un elemento del inmovilizado material aumenta el valor del mismo.

Veamos un ejemplo:

La empresa Y ha ampliado el edificio de la fábrica.

La empresa constructora de dicha ampliación ha facturado:

Obra realizada	132.000 euros
IVA: 21 por 100	27.720 euros
	159.720 euros

A la empresa constructora se le ha pagado por transferencia bancaria.

Para la contabilización hay que tener presente:

- La ampliación realizada supone un aumento de valor del edificio de la fábrica que se anotará en la cuenta **(211) CONSTRUCCIONES**, por importe de 132.000 euros, en el debe (parte izquierda de la cuenta) al tratarse de un aumento de bienes.

- El IVA se anotará en el debe de la cuenta **(472) IVA SOPORTADO** pues como ya se ha indicado (véase el epígrafe anterior) se trata de un derecho que tiene la empresa, pues se va a restar su importe en la liquidación con Hacienda y se va a recuperar.

- El pago por transferencia bancaria trae consigo una disminución en el dinero existente en **(572) BANCOS**, por tanto, se anotará en dicha cuenta en el haber (parte derecha de la cuenta).

La anotación contable será:

D   (211)   H
                        CONSTRUCCIONES

            132.000 |

D   (472) IVA   H
                         SOPORTADO

            27.720 |

D   (572) BANCOS   H

                        | 159.720

4.7 AMORTIZACIÓN DEL INMOVILIZADO MATERIAL

Los elementos del inmovilizado material (maquinaria, mobiliario, elementos de transporte, instalaciones, etc.) se deprecian (pierden valor) por:

- El simple transcurso del tiempo (**depreciación física**).

- El uso (**depreciación funcional**).

Incluso determinados elementos del inmovilizado material pierden valor por **depreciación técnica o comercial**, como puede ser el caso de una máquina que queda obsoleta por avances tecnológicos o por cambios en la moda del producto obtenido que deja de venderse masivamente.

La pérdida por depreciación tiene que reflejarse contablemente por la empresa. Este reflejo contable de la depreciación de los elementos del inmovilizado material se conoce con la denominación de **AMORTIZACIÓN**.

Veamos un ejemplo:

La empresa H adquiere mobiliario para la oficina por importe de 12.120 euros.

Se estima que la vida útil (tiempo que va a ser utilizado por la empresa) es de 10 años. Además se considera que al final de los 10 años el valor del mobiliario usado será de 200 euros. Por tanto, en el transcurso de los 10 años el mobiliario se va a depreciar (perder valor) por:

Valor inicial mobiliario	12.120 euros
Valor residual mobiliario	(200) euros
	11.920 euros

Se puede estimar que la depreciación (amortización) anual será de:

$$11.920 / 10 = 1.192 \text{ euros}$$

El cálculo de la amortización anual se puede hacer mediante cuotas constantes, como en el ejemplo que se acaba de contemplar, o bien utilizar otros métodos. Entre estos métodos se puede señalar:

- **Amortizar los vehículos en base al kilometraje efectuado durante el año**.

- **Amortizar una máquina en mayor cuantía durante los primeros años en que suele haber menos reparaciones**.

Pero cabe señalar, que el método de amortización más empleado por las empresas, es el de **cuotas anuales constantes durante la vida útil del elemento de inmovilizado material de que se trate**.

La contabilización de las cuotas de amortización de los elementos del inmovilizado material se puede hacer de dos formas, conocidas como:

- **Procedimiento directo**.

- **Procedimiento indirecto**.

4.7.1   Procedimiento directo de contabilización de las cuotas de amortización de los elementos del inmovilizado material

Este procedimiento se basa en:

- **Contabilizar la pérdida por depreciación disminuyendo directamente el valor del elemento del inmovilizado material de que se trate.**

Ejemplo:

Se amortiza a final del año 2012 el mobiliario de la oficina de la empresa por un importe de 5.750 euros, correspondiente a la cuota de amortización del citado año.

Para la anotación contable hay que tener presente:

- Existe una pérdida por depreciación anual de mobiliario de la oficina por 5.750 euros. Esta pérdida supone una disminución del importe del patrimonio de la empresa. Como se recordará (véase el epígrafe 1.9) las disminuciones de patrimonio se anotan en el debe de la cuenta de **GASTOS** correspondiente, en este caso la cuenta de gasto es **(681) AMORTIZACIÓN DEL INMOVILIZADO MATERIAL**.

- Por otro lado en la cuenta **(216) MOBILIARIO** hay que hacer una anotación en el haber (parte derecha de la cuenta) ya que se trata de la disminución de valor de bienes por la depreciación habida.

La anotación contable será:

D	(681) AMORTIZACIÓN INMOVILIZADO MATERIAL	H
5.750		

D	(216) MOBILIARIO	H
		5.750

4.7.2 Procedimiento indirecto de contabilización de la amortización de los elementos del inmovilizado material

Este procedimiento de contabilización se basa en:

- La pérdida por amortización no se recoge disminuyendo directamente el valor del elemento de inmovilizado material de que se trate. Se utiliza un artificio contable de tipo indirecto.

- El artificio contable consiste en habilitar una cuenta para recoger la disminución de valor del elemento de inmovilizado material, en vez de reflejar dicha disminución directamente en la cuenta representativa del indicado elemento depreciado. La cuenta que se utiliza para recoger indirectamente la depreciación es la de **(281) AMORTIZACIÓN ACUMULADA DEL INMOVILIZADO MATERIAL**.

Si suponemos el mismo ejemplo que en el epígrafe anterior, la anotación contable será:

D	(681) AMORTIZACIÓN INMOVILIZADO MATERIAL	H
5.750		

D	(281) AMORTIZACIÓN ACUMULADA INMOVILIZADO MATERIAL	H
		5.750

4.7.3   Comparabilidad de los dos procedimientos de anotación contable de la amortización

Las dos anotaciones contables se pueden resumir a efectos comparativos en el siguiente esquema:

	DEBE	HABER
Procedimiento Directo	**AMORTIZACIÓN DEL INMOVILIZADO MATERIAL (681)**	MAQUINARIA (213)
Procedimiento Indirecto	**AMORTIZACIÓN DEL INMOVILIZADO MATERIAL (681)**	**AMORTIZACIÓN ACUMULADA INMOVILIZADO MATERIAL (281)**

Como puede observarse en ambos procedimientos se anota en el debe la pérdida por depreciación (amortización) en la misma cuenta. Mientras que la depreciación del elemento de inmovilizado material de que se trate se recoge:

-   **Directamente en la cuenta representativa del elemento depreciado (procedimiento directo).**

-   **Habilitando una cuenta específica para recoger la depreciación (procedimiento indirecto).**

Para una mejor comprensión de ambos procedimientos de contabilización de la amortización vamos a centrarnos en un ejemplo:

La empresa H adquiere maquinaria por importe de 9.800 euros que va a amortizar en cinco años con cuotas anuales constantes. Se considera que al final de los cinco años dicha maquinaria no va a tener valor.

Por tanto, la cuota anual de amortización será:

$$9.800 / 5 = 1.960 \text{ euros}$$

La evolución de la cuenta MAQUINARIA por el procedimiento directo de amortización es la siguiente hasta final del tercer año:

MAQUINARIA

Valor inicial	9.800
Amortización primer año	(1.960)
Valor final primer año	7.840
Amortización segundo año	(1.960)
Valor final segundo año	5.880
Amortización tercer año	(1.960)
Valor final tercer año	3.920

La evolución de la cuenta **(213) MAQUINARIA** y de la cuenta **(281) AMORTIZACIÓN ACUMULADA** es la siguiente hasta final del tercer año:

	MAQUINARIA	AMORTIZACIÓN ACUMULADA
Valor inicial	9.800	-
Amortización primer año	-	1.960
Valor final primer año	9.800	1.960
Amortización segundo año	-	1.960
Valor final segundo año	9.800	3.920
Amortización tercer año	-	1.960
Valor final tercer año	9.800	5.880

Maquinaria	9.800
Amortización Acumulada	(5.880)
Valor final tercer año	3.920

Por ambos procedimientos se llega al mismo valor final de 3.920 euros.

Como puede observarse cuando se aplique el procedimiento indirecto de contabilización de la amortización, en el balance aparecerá en el activo la cuenta (**213**) **MAQUINARIA** con signo positivo y la cuenta (**281**) **AMORTIZACIÓN ACUMULADA** con signo negativo.

4.7.4 Elección de procedimiento

En la normativa contable española se aplica el procedimiento indirecto.

4.8 VENTA DE ELEMENTOS DE INMOVILIZADO MATERIAL

Los elementos de inmovilizado material pueden ser objeto de venta por diversas circunstancias. **Pero esta venta no forma parte de las operaciones de la actividad ordinaria de la empresa**. Se considera como una operación extraordinaria, por tanto, no se incluye en la **CIFRA DE VENTA DE LA EMPRESA**.

Contablemente se operará de la forma siguiente:

- Se dará de baja al elemento de inmovilizado material vendido con su amortización acumulada.

- Se dará entrada al dinero o derecho de cobro procedente de la venta.

- La diferencia se lleva a una cuenta de ganancias o de pérdidas, según proceda.

Veamos un ejemplo:

La empresa Y vende un vehículo por importe de 3.500 euros cobrando por transferencia bancaria dicho importe más 735 euros de IVA.

El vehículo vendido estaba contabilizado, en el momento de la venta con el siguiente detalle:

ELEMENTOS DE TRANSPORTE   **18.200 euros**

AMORTIZACIÓN ACUMULADA   **(14.100) euros**

VALOR NETO CONTABLE   **4.100 euros**

El resultado obtenido en la venta ha sido:

Importe venta   **3.500 euros**

Valor neto contable   **(4.100) euros**

Pérdida   **(600) euros**

Para la anotación contable hay que tener presente:

- La cuenta de **(572) BANCOS** ha aumentado en 4.235 euros recibidos del comprador del vehículo. Al tratarse de un aumento de bienes la anotación se hará en el debe (parte izquierda de la cuenta).

- La cuenta de **(218) ELEMENTOS DE TRANSPORTE** ha disminuido en 18.200 euros por la salida del vehículo vendido. Al tratarse de bienes la disminución se recoge en el haber (parte derecha de la cuenta).

- La cuenta **(281) AMORTIZACIÓN ACUMULADA** (correspondiente al vehículo vendido) tiene que darse de baja por 14.100 euros. Como la cuenta **(281) AMORTIZACIÓN ACUMULADA** está en el haber (parte derecha de la cuenta) la baja tiene que anotarse en el debe (parte izquierda de la cuenta).

- El resultado de la operación de venta (pérdida de 600 euros) se recoge en la cuenta **(671) PÉRDIDAS PROCEDENTES DEL INMOVILIZADO MATERIAL** que se anotará en el debe al tratarse de una pérdida (disminución del patrimonio).

- El importe de IVA cobrado al comprador del vehículo hay que ingresarlo en Hacienda. Se anotará en el haber al constituir un aumento de deuda, por importe de 735 euros.

La anotación contable será:

D	(572) BANCOS	H
4.235		

D	(671) PÉRDIDAS PROCEDENTES DEL INMOVILIZADO MATERIAL	H
600		

D	(281) AMORTIZACIÓN ACUMULADA	H
14.100		

D	(218) ELEMENTOS DE TRANSPORTE	H
		18.200

D	(477) IVA REPERCUTIDO	H
		735

4.9 BAJA DE ELEMENTOS DEL INMOVILIZADO MATERIAL POR QUEDAR FUERA DE USO

Los elementos del inmovilizado material que quedan fuera de uso (por avería total, destrucción por incendio, inutilización por inundación, etc.) tienen que **darse de baja contablemente. En consecuencia tendrá que darse de baja el elemento de inmovilizado material y su amortización acumulada. Este valor neto que se da de baja constituye una pérdida para la empresa.**

Veamos un ejemplo:

Como consecuencia de un incendio la empresa M da de baja, por haber quedado inutilizable, maquinaria que estaba contabilizada con el siguiente detalle:

MAQUINARIA	**15.150 euros**
AMORTIZACIÓN ACUMULADA	**(6.825) euros**
VALOR NETO CONTABLE	**8.325 euros**

La anotación contable será:

D	(281) AMORTIZACIÓN ACUMULADA	H
6.825		

D	(671) PÉRDIDAS PROCEDENTES INMOVILIZADO MATERIAL	H
8.325		

D	(213) MAQUINARIA	H
		15.150

4.10 PÉRDIDAS POR DETERIORO DE VALOR DE ELEMENTOS DE INMOVILIZADO MATERIAL

Como ya se ha indicado los elementos del inmovilizado material **se deprecian (pierden valor) de una forma sistemática (por el transcurso del tiempo, por el uso, por quedar obsoletos)**. Esta pérdida de valor se recoge contablemente a través de la **AMORTIZACIÓN** (véase el epígrafe 4.7). Pero en la empresa pueden surgir **otras depreciaciones o deterioros (pérdidas de valor) por causas no sistemáticas en los elementos del inmovilizado material**.

Por ejemplo: un terreno puede quedar depreciado como consecuencia de un cambio en las ordenanzas municipales sobre edificabilidad.

Las depreciaciones o deterioros de valor de los elementos de inmovilizado material pueden ser:

- **Reversibles** (pueden cambiar posteriormente las causas que han motivado la depreciación o deterioro).

- **Irreversibles** (se trata de depreciaciones o deterioros definitivos).

Las depreciaciones o deterioros **irreversibles** constituyen claramente **una pérdida para la empresa**.

Las depreciaciones o deterioros **reversibles** se pueden considerar **pérdidas, pero con la posibilidad de que posteriormente revierta la situación y dejen de serlo. No obstante, a efectos contables, se consideran pérdidas mientras no se produzca la posible reversión de la situación**.

4.10.1 Contabilización de las depreciaciones o deterioros de valor irreversibles

Supongamos que maquinaria propiedad de la empresa H, como consecuencia de una inundación, ha quedado inutilizable parcialmente.

Este deterioro se valora en 19.500 euros.

La anotación contable será:

D	(671) PÉRDIDAS PROCEDENTES INMOVILIZADO MATERIAL	H
19.500		

D	(213) MAQUINARIA	H
		19.500

Como puede observarse la pérdida de valor de la maquinaria se recoge en la cuenta **(671) PÉRDIDAS PROCEDENTES DEL INMOVILIZADO MATERIAL** en su debe al tratarse de una disminución de patrimonio. La disminución de valor de la maquinaria se recoge en su cuenta correspondiente en el haber al tratarse de una disminución de bienes.

4.10.2 Contabilización de las depreciaciones o deterioros de valor reversibles

Si se considera que la depreciación o deterioro de un elemento del inmovilizado material es **reversible** se opera contablemente de la forma siguiente:

- La pérdida de valor se recoge en el debe de la cuenta **(671) PÉRDIDAS POR DETERIORO DEL INMOVILIZADO MATERIAL**. La anotación se hace en el debe ya que se trata de una disminución de patrimonio.

- La cuenta representativa del elemento del inmovilizado material depreciado no se disminuye por la pérdida de valor. La anotación se hace en el haber de la cuenta **(291) DETERIORO DE VALOR DEL INMOVILIZADO MATERIAL**.

Veamos un ejemplo:

La empresa H considera que determinada maquinaria ha tenido una pérdida de valor de 5.500 euros, pero que la indicada pérdida puede ser reversible.

La anotación contable será:

D	(671) PÉRDIDAS POR DETERIORO DEL INMOVILIZADO MATERIAL	H
5.500		

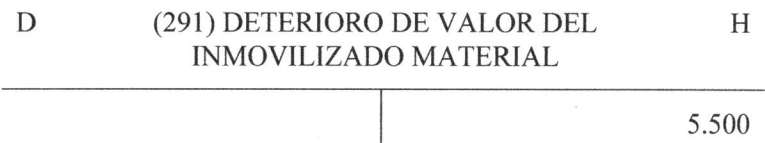

D	(291) DETERIORO DE VALOR DEL INMOVILIZADO MATERIAL	H
		5.500

La cuenta **(691) PÉRDIDAS POR DETERIORO DE INMOVILIZADO MATERIAL** se llevará, al final del ejercicio, a la cuenta de pérdidas y ganancias.

La cuenta **(291) DETERIORO DE VALOR DEL INMOVILIZADO MATERIAL** aparece en el activo del balance con signo negativo disminuyendo el valor del **INMOVILIZADO MATERIAL** que se ha depreciado.

4.11 ADVERTENCIA PREVIA AL LECTOR

Se advierte que todas las cuentas con código clasificatorio cuyo primer dígito sea **6** constituyen gastos o pérdidas que al final del año se llevarán a la cuenta de **PÉRDIDAS Y GANANCIAS**.

También se llevará, al final del año, a la cuenta de PÉRDIDAS Y GANANCIAS todas las cuentas con código clasificatorio cuyo primer dígito sea 7, ya que constituyen ingresos o ganancias.

INMOVILIZADO INTANGIBLE

5.1 CONCEPTO DE INMOVILIZADO INTANGIBLE

En el **INMOVILIZADO INTANGIBLE** se recogen derechos con base legal o contractual que posibilitan a la empresa disfrutar de los mismos durante varios años. La denominación de **INMOVILIZADO** se fundamenta en que se trata de derechos a disfrutar durante varios años por la empresa y la denominación **INTANGIBLE** dada la inmaterialidad de los mismos. **Pese a esta inmaterialidad los derechos recogidos en INMOVILIZADO INTANGIBLE tienen valor económico**. Entre los componentes de dicho inmovilizado cabe señalar:

- **Patentes** amparadas legalmente durante un número determinado de años, si están inscritas registralmente como propiedad industrial.

- **Concesiones administrativas** que permitan la explotación por un ente privado de servicios públicos durante un número concreto de años.

- **Derechos de traspaso** sobre locales comerciales que posibilitan disfrutar del alquiler de estos, sustituyendo al anterior arrendatario.

- **Aplicaciones informáticas** que permitan disfrutar de la utilización de un programa determinado elaborado por terceros.

- **Canon por derecho de franquicia**.

- **Etc**.

Todos estos derechos han supuesto para la empresa tener que realizar una serie de desembolsos, pero tal como se ha indicado, pese a su inmaterialidad tienen **valor económico**, ya que:

- **Permiten obtener a la empresa beneficios directos o indirectos como consecuencia del disfrute de los mismos**.

- **Pueden generar ingresos como consecuencia de su transmisión a terceros**.

5.2 CUENTAS DE INMOVILIZADO INTANGIBLE

En el Plan General de Contabilidad español se recogen, entre otras, las siguientes cuentas de **INMOVILIZADO INTANGIBLE**:

(202)   CONCESIONES ADMINISTRATIVAS

(203)   PROPIEDAD INDUSTRIAL

(205)   DERECHOS DE TRASPASO

(206)   APLICACIONES INFORMÁTICAS

5.3 ADQUISICIÓN DEL INMOVILIZADO INTANGIBLE

La empresa B para la apertura de un centro de ventas ha pagado, en concepto de traspaso, a la empresa M (arrendatario actual del local comercial en el que se pretende la apertura del centro de ventas) un importe de 30.250 euros, con el siguiente detalle:

Importe del traspaso	25.000 euros
IVA: 21 por 100	5.250 euros

El pago se ha efectuado mediante cheque bancario.

Para la contabilización de la operación de traspaso del local comercial deberá tenerse en consideración:

- El importe correspondiente al traspaso (sin IVA) se anotará al debe de la cuenta **(205) DERECHOS DE TRASPASO**, ya que se trata de un aumento de derechos a favor de la empresa.

-   El importe correspondiente al IVA se anotará en el debe de la cuenta **(472) IVA SOPORTADO**, ya que constituye un derecho para la empresa, pues el importe del IVA pagado se restará en la liquidación de dicho impuesto con Hacienda y, por tanto, se recuperará.

-   El importe del cheque se anotará en el haber de la cuenta de **(572) BANCOS**, ya que supone una disminución de bienes (dinero depositado en el banco).

La anotación contable será:

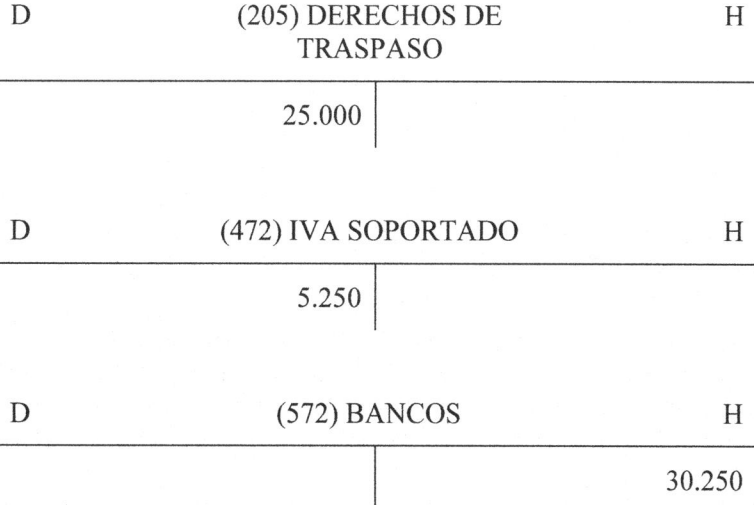

D	(205) DERECHOS DE TRASPASO	H
25.000		

D	(472) IVA SOPORTADO	H
5.250		

D	(572) BANCOS	H
		30.250

Veamos otro ejemplo:

La empresa M paga al Ayuntamiento de su localidad un importe de 300.000 euros por la concesión de la explotación del servicio de autobuses públicos durante cinco años. Esta operación no está sujeta a IVA.

El pago se efectúa por transferencia bancaria.

La anotación contable será:

D	(202) CONCESIONES ADMINISTRATIVAS	H
300.000		

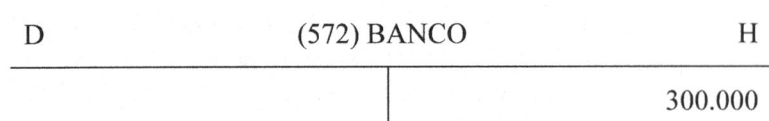

D	(572) BANCO	H
		300.000

5.4 AMORTIZACIÓN DEL INMOVILIZADO INTANGIBLE

Cuando los derechos recogidos en el inmovilizado intangible tienen una duración determinada de tipo legal o contractual, la amortización se puede hacer en base a dicho período. Este es el caso, por ejemplo, de:

- Patentes inscritas en el registro de la propiedad industrial, amparadas legalmente durante un número concreto de años.

- Concesiones administrativas para la explotación de un servicio público durante un número de años determinado.

- Derechos de traspaso con un contrato de alquiler de tiempo definido.

Pero, a veces, pese a que estos derechos tienen una vida legal o contractual determinada, a la empresa le puede **interesar amortizarlos en un período de tiempo más corto**. Por ejemplo: las concesiones administrativas pueden ser por un plazo muy dilatado (25 años, 50 años) y suelen amortizarse en diez años.

En contraposición otros derechos recogidos en el inmovilizado intangible pueden presentar una duración **indefinida**. Por ejemplo: los derechos de traspaso de un local con contrato de arrendamiento indefinido.

En el caso de una vida útil **indefinida** la empresa suele fijar una amortización en un número concreto de años, siendo aconsejable que se haga, con un criterio de prudencia, en un número de años razonable.

La contabilización de la amortización del inmovilizado intangible se hace de **forma similar a la de los elementos del inmovilizado material** (véase el epígrafe 7.2) **por el procedimiento indirecto**.

Supongamos que una concesión administrativa contabilizada por un importe de 120.000 euros se amortiza por cuotas constantes durante diez años.

Amortización anual = 120.000 / 10 = 12.000 euros.

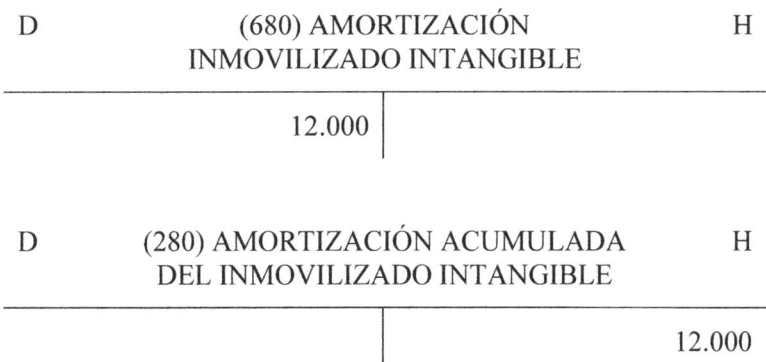

La cuenta (680) se recoge al final del año en la cuenta de pérdidas y ganancias.

La cuenta (280) en el balance, dentro del **INMOVILIZADO INTANGIBLE**, pero con signo negativo.

5.5 TRANSMISIÓN A UN TERCERO DE INMOVILIZADO INTANGIBLE

La contabilización se hará de forma similar a la venta de inmovilizado material (véase el epígrafe 4.8).

Supongamos que una patente propiedad de la empresa K se vende por un importe de 350.000 euros que se cobra por transferencia bancaria de la empresa adquirente D.

La patente transmitida a la empresa D estaba contabilizada, en el momento de su venta, con el siguiente detalle:

(203) PROPIEDAD INDUSTRIAL	**825.000 euros**
(280) AMORTIZACIÓN ACUMULADA	**(710.000) euros**
VALOR NETO CONTABLE	**115.000 euros**

El beneficio obtenido por la empresa K por la venta de la patente viene dada por:

Importe de la venta	350.000 euros
Valor contable neto	(115.000) euros
Beneficio	235.000 euros

Para la contabilización ha de tenerse presente que:

- El dinero en bancos ha aumentado en 350.000 euros, que se anota en el debe de la cuenta **(572) BANCOS** ya que se trata de un incremento de bienes.

- En la cuenta **(203) PROPIEDAD INDUSTRIAL** se anotará en su haber un importe de 825.000 euros por la baja de la patente por venta.

- También se dará de baja la **(280) AMORTIZACIÓN ACUMULADA** de la patente vendida, lo que supone una anotación por un importe de 710.000 euros en el debe de dicha cuenta.

- El beneficio obtenido de 235.000 euros se anotará en el haber de la cuenta· **(770) BENEFICIO PROCEDENTE DEL INMOVILIZADO INTANGIBLE**, ya que se trata de un aumento de patrimonio.

La anotación contable será:

D	(572) BANCOS	H
350.000		

D	(280) AMORTIZACIÓN ACUMULADA DEL INMOVILIZADO INTANGIBLE	H
710.000		

D	(203) PROPIEDAD INDUSTRIAL	H
		825.000

D	(770) BENEFICIOS PROCEDENTES DEL INMOVILIZADO INTANGIBLE	H
		235.000

La cuenta **(770)** se llevará al final del año a la cuenta de pérdidas y ganancias.

5.6 PÉRDIDA POR DETERIORO DE VALOR DEL INMOVILIZADO INTANGIBLE

La contabilización será similar que para el caso de elementos del inmovilizado material (véase el epígrafe 4.10).

Capítulo 6

INMOVILIZADO FINANCIERO

6.1 CONCEPTO DE INMOVILIZADO FINANCIERO

En el **INMOVILIZADO FINANCIERO** se recogen las inversiones financieras realizadas por la empresa que van a tener una duración de varios años. Estas inversiones pueden ser:

- **Adquisición o suscripción de acciones de otras empresas.**

- **Préstamos concedidos a otras empresas**.

- **Préstamos concedidos al personal de la empresa**.

- **Depósitos bancarios.**

- **Adquisición o suscripción de deuda pública o de obligaciones o bonos emitidos por empresas privadas**.

Como puede observarse en determinadas inversiones financieras está previsto que se recuperen en un número concreto de años de forma escalonada o de una sola vez. Este es el caso de préstamos concedidos a otras empresas o al personal, así como los depósitos bancarios a plazo superior a un año, o la deuda pública, obligaciones y bonos suscritos por la empresa.

Sin embargo, en el caso de adquisición o suscripción de acciones de otras empresas, la permanencia en las mismas como accionista suele ser, en la mayoría de los casos, por tiempo indefinido. La razón de esta permanencia prolongada en la empresa participada suele ser para poder ejercer sobre ella determinado control o influencia, como es en el caso de posesión de la mayoría de las acciones. A veces la participación en el capital de otras empresas puede llegar hasta el 100 por 100.

6.2 CUENTAS DEL INMOVILIZADO FINANCIERO

Entre las cuentas del inmovilizado financiero que se recogen en el Plan General de Contabilidad español, cabe señalar las siguientes:

(250)   INVERSIONES FINANCIERAS A LARGO PLAZO EN INSTRUMENTOS FINANCIEROS DE PATRIMONIO

(251)   VALORES REPRESENTATIVOS DE DEUDA A LARGO PLAZO

(252)   CRÉDITOS A LARGO PLAZO

(254)   CRÉDITOS A LARGO PLAZO AL PERSONAL

(258)   IMPOSICIONES A LARGO PLAZO

6.3 PARTICIPACIONES EN EL CAPITAL SOCIAL DE OTRAS EMPRESAS A LARGO PLAZO

Estas participaciones se recogen en la cuenta **(250) INVERSIONES FINANCIERAS A LARGO PLAZO EN INSTRUMENTOS DE PATRIMONIO**. Cabe señalar que los principales **INSTRUMENTOS DE PATRIMONIO** son las acciones en las sociedades anónimas.

La posesión de acciones en una sociedad anónima trae consigo principalmente:

- **Derecho de voto en las Juntas de accionistas (derecho político)**.

- **Participación en los beneficios de la sociedad (derecho económico)**.

Las acciones de una sociedad se pueden obtener:

- Por **suscripción** en el acto constitutivo o en una ampliación de capital social posterior.

- Mediante su **compra** en Bolsa o a un tercero fuera de dicho ámbito.

En el caso de **suscripción** cabe señalar que el desembolso de las acciones suscritas se puede hacer de una sola vez en el acto o de forma escalonada conforme vaya solicitándolo el Consejo de Administración de la sociedad. **Pero, en todos los casos, el desembolso mínimo inicial tiene que ser del 25 por 100 de las acciones suscritas**.

Supongamos que la empresa K suscribe acciones de la sociedad B, en el acto constitutivo, por un nominal de 150.000 euros, con un desembolso inicial del 25 por 100 (por tanto el desembolso será de 37.500 euros).

Por tanto:

Suscripción	**150.000 euros**
Desembolso	**(37.500) euros**
Pendiente de desembolso	**112.500 euros**

Al importe suscrito pendiente de desembolso se le denomina **DIVIDENDO PASIVO**.

Para la contabilización se tendrá en consideración:

- Las acciones suscritas se recogen en el debe de la cuenta **(250) INVERSIONES FINANCIERAS A LARGO PLAZO EN INSTRUMENTOS DE PATRIMONIO** por un importe de 150.000 euros. La anotación se hace en el debe (parte izquierda de la cuenta) al tratarse de un aumento de bienes.

- Pero como queda pendiente de desembolso un importe de 112.500 euros se hará una anotación en el haber de la cuenta **(259) DESEMBOLSOS PENDIENTES SOBRE PARTICIPACIONES EN EL PATRIMONIO NETO A LARGO PLAZO**, al tratarse de un aumento de una cuenta de deudas.

- En el haber de la cuenta **(572) BANCOS** se anotará la salida por pago de las acciones suscritas por importe de 37.500 euros.

La anotación contable será:

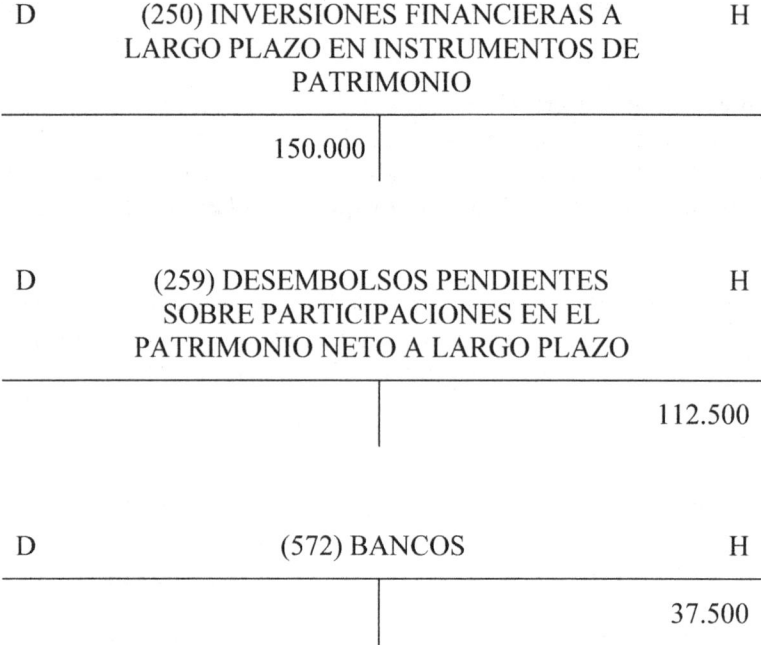

D	(250) INVERSIONES FINANCIERAS A LARGO PLAZO EN INSTRUMENTOS DE PATRIMONIO	H
150.000		

D	(259) DESEMBOLSOS PENDIENTES SOBRE PARTICIPACIONES EN EL PATRIMONIO NETO A LARGO PLAZO	H
		112.500

D	(572) BANCOS	H
		37.500

Supongamos que el Consejo de Administración de la sociedad B solicita el desembolso que falta por la suscripción de acciones y, por tanto, la empresa K procede a dicho desembolso.

Para la anotación contable se tendrá presente:

- En la cuenta **(259) DESEMBOLSOS PENDIENTES SOBRE PARTICIPACIONES EN EL PATRIMONIO NETO A LARGO PLAZO,** se anotará en el debe (parte izquierda de la cuenta) un importe de 112.500 euros, ya que se trata de una disminución de deudas.

- En la cuenta **(572) BANCOS** se hará la anotación por 112.500 euros en el haber, ya que se trata de una disminución del dinero en bancos.

La anotación contable será:

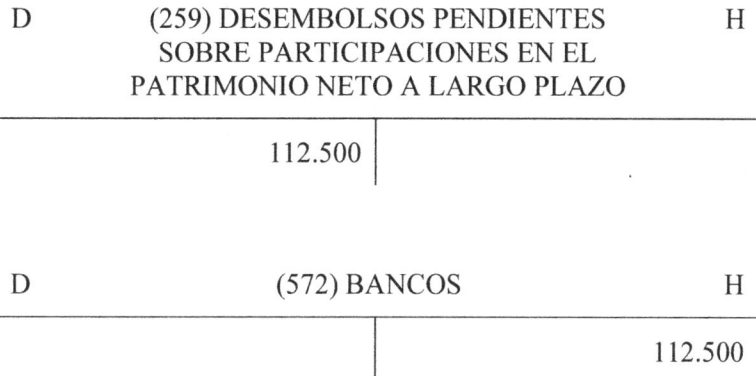

D	(259) DESEMBOLSOS PENDIENTES SOBRE PARTICIPACIONES EN EL PATRIMONIO NETO A LARGO PLAZO	H
112.500		

D	(572) BANCOS	H
		112.500

Como ya se ha indicado las acciones de otras empresas, aparte de por suscripción, se pueden adquirir a terceros en la Bolsa o fuera de dicho ámbito.

Supongamos que se adquiere a un tercero una participación de acciones en la sociedad R de un 60 por 100 de su capital, con la finalidad de ejercer un control sobre la misma. Por dicha adquisición de acciones se han pagado 650.000 euros. Además se han pagado 950 euros de comisión a un intermediario en la operación.

En primer lugar hay que indicar que los gastos por la comisión al intermediario incrementa el coste de las acciones adquiridas. Por tanto, la anotación contable será:

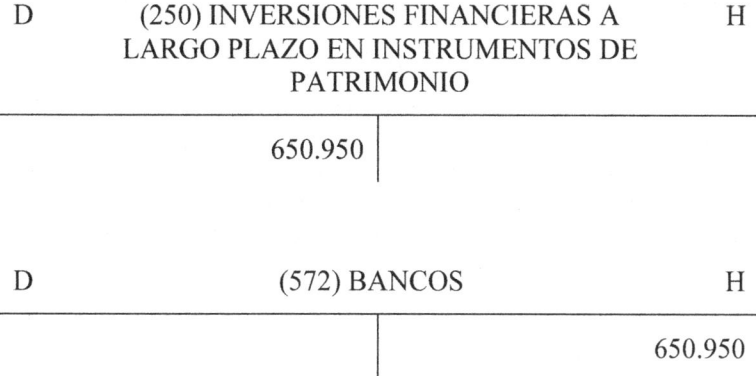

D	(250) INVERSIONES FINANCIERAS A LARGO PLAZO EN INSTRUMENTOS DE PATRIMONIO	H
650.950		

D	(572) BANCOS	H
		650.950

La posesión de acciones de otras empresas posibilita el **cobro de dividendos** (distribución de beneficios por dichas empresas).

Supongamos que la empresa H posee acciones de la sociedad E y que esta ha repartido dividendos por el beneficio obtenido en el año anterior. Como consecuencia de dicho reparto la empresa H ha cobrado dividendos por importe de 2.150 euros.

Los dividendos cobrados constituyen, como es obvio, una ganancia para la empresa H que anotará en el haber en la cuenta **(760) INGRESOS DE PARTICIPACIONES EN INSTRUMENTOS DE PATRIMONIO**. La anotación se hace en el haber de la cuenta ya que se trata de un aumento de patrimonio.

La anotación contable será:

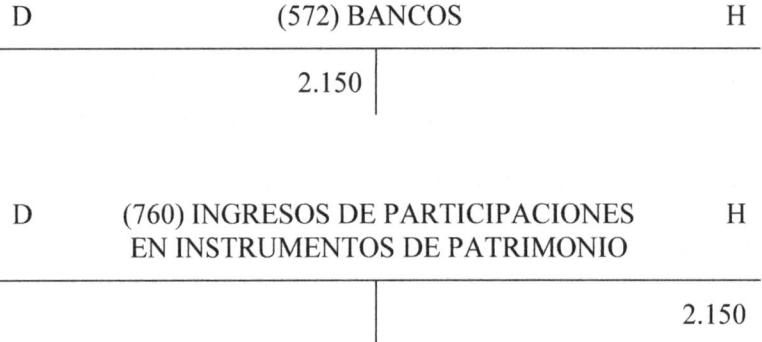

D	(572) BANCOS	H
2.150		

D	(760) INGRESOS DE PARTICIPACIONES EN INSTRUMENTOS DE PATRIMONIO	H
		2.150

Aunque las acciones de otras empresas, recogidas en el **INMOVILIZADO FINANCIERO**, se adquieren con la finalidad de permanecer en las mismas, ello no es óbice para que, en determinadas circunstancias, **se proceda a su venta**.

Supongamos que la empresa N que posee el 70 por 100 de las acciones de la sociedad A, desde hace nueve años, procede a la venta de las mismas por un cambio de estrategia empresarial. El importe de la venta de las acciones ha sido de 950.000 euros con unos gastos de intermediación de 7.500 euros. Las acciones vendidas estaban contabilizadas por la empresa N por un importe de 795.000 euros, en la cuenta **(240) PARTICIPACIONES A LARGO PLAZO EN PARTES VINCULADAS**.

El resultado obtenido por la empresa N en la venta de las acciones de la sociedad A ha sido:

Importe de la venta	**950.000 euros**
Gastos de intermediación	**(7.500) euros**
	942.500 euros
Coste contable de las acciones	**(795.000) euros**
Beneficio	**147.500 euros**

Para la anotación contable se tendrá en consideración:

- En la cuenta **(572) BANCOS** se anotará en el debe (parte izquierda de la cuenta) el importe de 942.500 euros cobrados en la operación. Como puede observarse los gastos de intermediación se restarán del importe de la venta.

- En la cuenta **(240) PARTICIPACIONES A LARGO PLAZO EN PARTES VINCULADAS** se anotará en el haber (parte derecha de la cuenta) la baja de las acciones por haberse vendido por importe de 795.000 euros.

- El beneficio obtenido por un importe de 147.500 euros se anotará en el haber de la cuenta **(773) BENEFICIOS PROCEDENTES DE PARTICIPACIONES A LARGO PLAZO EN PARTES VINCULADAS**. La anotación se hace en el haber (parte derecha de la cuenta) al tratarse de un aumento de patrimonio.

La anotación contable será:

D	(572) BANCOS	H
942.500		

D	(240) PARTICIPACIONES A LARGO PLAZO EN PARTES VINCULADAS	H
		795.000

D	(773) BENEFICIOS PROCEDENTES DE PARTICIPACIONES A LARGO PLAZO EN PARTES VINCULADAS	H
		147.500

6.4 VALORES REPRESENTATIVOS DE DEUDA A LARGO PLAZO

En la cuenta **(251) VALORES REPRESENTATIVOS DE DEUDA A LARGO PLAZO** se recogen:

- **Títulos de deuda pública poseídos por la empresa.**

- **Obligaciones y bonos emitidos por empresas privadas en poder de la empresa.**

Los valores representativos de deuda pública o privada que la empresa ha adquirido para mantenerla normalmente hasta su vencimiento, se consideran como **INMOVILIZADO FINANCIERO**. La finalidad de esta inversión suele ser en la mayoría de los casos la de obtener una rentabilidad con riesgo muy limitado o prácticamente inexistente.

Los valores de deuda se pueden obtener por **suscripción o por adquisición a terceros en Bolsa o fuera de este ámbito**.

Supongamos que la sociedad F ha emitido obligaciones y a esta emisión ha acudido la empresa G habiendo suscrito títulos por importe de 22.500 euros.

La anotación contable será:

D	(251) VALORES REPRESENTATIVOS DE DEUDA A LARGO PLAZO	H
22.500		

D	(572) BANCOS	H
		22.500

Si en la suscripción o adquisición a terceros de valores de deuda se ha incurrido en gastos el importe de los mismos incrementaría el coste de la suscripción o adquisición.

La posesión de valores representativos de deuda da derecho al cobro periódico de intereses, que constituyen una ganancia para la empresa.

Supongamos que la empresa H que posee Deuda Pública del Estado Español cobra por intereses un importe de 1.110 euros.

La anotación contable será:

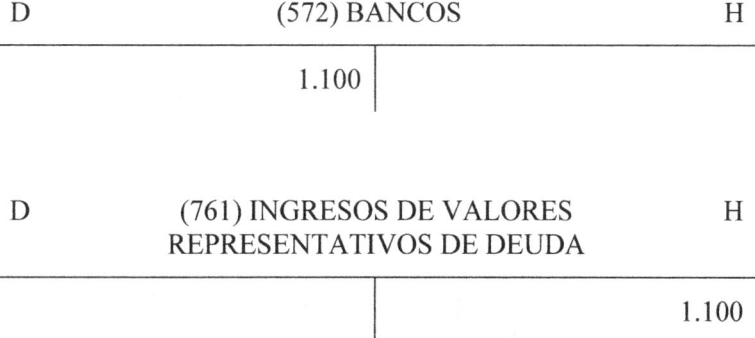

Como puede observarse los intereses cobrados se anotarán en el haber de la cuenta **(761)** ya que suponen un aumento de patrimonio para la empresa.

Los valores representativos de deuda tienen fijada una **fecha de vencimiento para su reembolso (amortización)**.

Supongamos que la empresa P que posee bonos emitidos por la sociedad J ha cobrado un importe de 6.500 euros por la amortización de los mismos. Estos bonos los tenía contabilizados la empresa P por un importe de 6.000 euros que fue el importe de la adquisición en su día.

Como puede observarse la empresa P ha obtenido una ganancia de 500 euros que se anotará en el haber de la cuenta **(766) BENEFICIO EN VALORES REPRESENTATIVOS DE DEUDA**, ya que constituye un aumento de patrimonio.

La anotación contable será:

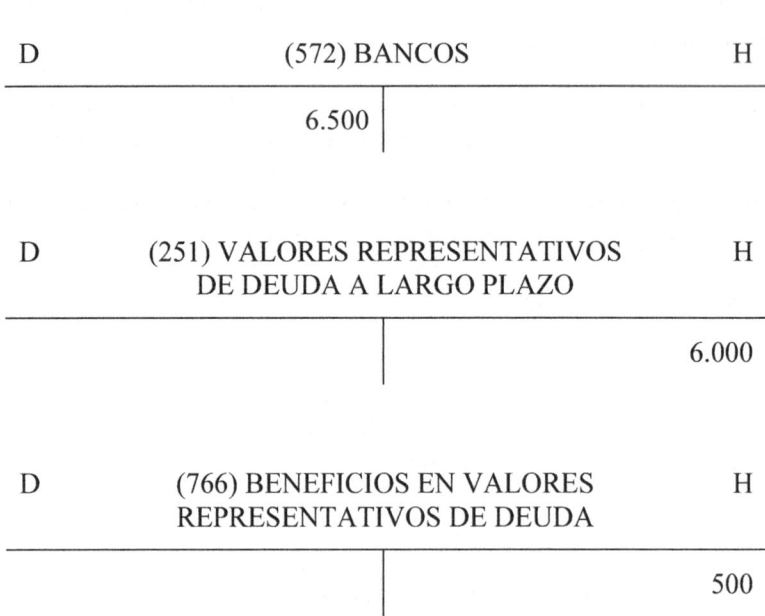

D	(572) BANCOS	H
6.500		

D	(251) VALORES REPRESENTATIVOS DE DEUDA A LARGO PLAZO	H
		6.000

D	(766) BENEFICIOS EN VALORES REPRESENTATIVOS DE DEUDA	H
		500

Puede que la empresa poseedora de valores representativos de deuda no espere a su vencimiento y proceda a la **venta de los mismos a terceros de forma anticipada**. La anotación contable será igual a la de amortización de los títulos a su vencimiento. (Véase el ejemplo anterior).

6.5 PRÉSTAMOS A LARGO PLAZO A TERCEROS

En el **INMOVILIZADO FINANCIERO** se recogen los préstamos a largo plazo (vencimiento superior a un año) concedido a:

- **Empresas del grupo o asociadas**.

- **Otras empresas**.

- **Empleados de la empresa**.

También se recoge cualquier tipo de crédito concedido con vencimiento superior a un año, como por ejemplo, el derivado de ventas de elementos del inmovilizado.

Estos préstamos y créditos se recogen en las cuentas:

(242) CRÉDITOS A LARGO PLAZO A PARTES VINCULADAS (los concedidos a empresas del grupo y asociadas).

(252) CRÉDITOS A LARGO PLAZO (los concedidos a otras empresas).

(254) CRÉDITOS A LARGO PLAZO AL PERSONAL.

(253) CRÉDITOS A LARGO PLAZO POR ENAJENACIÓN DE INMOVILIZADO.

Veamos algunos ejemplos de contabilización:

La empresa H concede un préstamo de 60.000 euros a una empresa del grupo:

D	(242) CRÉDITOS A LARGO PLAZO A PARTES VINCULADAS	H
60.000		

D	(572) BANCOS	H
		60.000

La empresa K concede un préstamo para compra de vivienda a un empleado por un importe de 25.000 euros:

D	(254) CRÉDITOS A LARGO PLAZO AL PERSONAL	H
25.000		

D	(572) BANCOS	H
		25.000

En determinados préstamos o créditos la empresa concedente **percibe intereses**.

Supongamos que la empresa H que ha concedido un préstamo a una empresa del grupo percibe 5.600 euros en concepto de intereses:

D	(572) BANCOS	H
5.600		

D	(762) INGRESOS DE CRÉDITOS	H
		5.600

Como puede observarse los intereses cobrados por el préstamo se han anotado en el haber de la cuenta **(762)** al tratarse de un aumento de patrimonio.

Los préstamos o créditos concedidos pueden **reembolsarse (amortizarse) por los prestatarios en varios plazos o de una sola vez al vencimiento**. En todos los casos la anotación contable es la misma.

Supongamos que la empresa M que, en su día, otorgó un préstamo de 50.000 euros a otra empresa, cobra de esta un importe de 20.000 euros en concepto de amortización parcial del préstamo.

La amortización contable será:

D	(572) BANCOS	H
20.000		

D	(252) CRÉDITOS A LARGO PLAZO	H
		20.000

Como puede observarse en la cuenta **(252)** se ha anotado en su haber el importe de la amortización parcial del préstamo, ya que constituye disminución de un derecho de cobro.

6.6 DEPÓSITOS BANCARIOS A LARGO PLAZO

En el **INMOVILIZADO FINANCIERO** se recogen los depósitos bancarios constituidos a un plazo superior a un año, en la cuenta **(258) IMPOSICIONES A LARGO PLAZO**.

Supongamos que la empresa B concierta con un banco un depósito de 6.000 euros con vencimiento a 2 años, con percepción de intereses semestrales del 3 por 100 anual.

Al **constituirse el depósito a plazo** con fondos procedentes de la cuenta corriente de la empresa B, la anotación contable será:

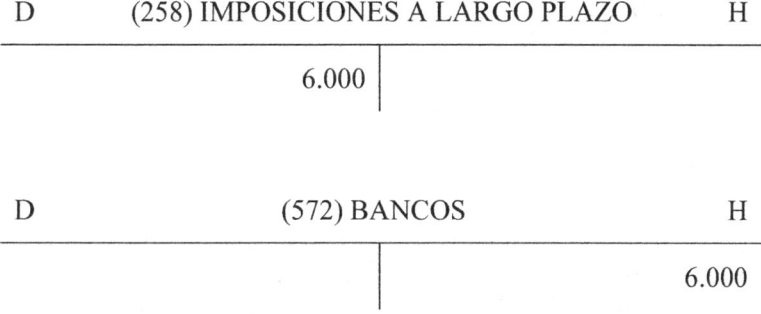

D	(258) IMPOSICIONES A LARGO PLAZO	H
6.000		

D	(572) BANCOS	H
		6.000

Cuando se **cobren los intereses** de cada semestre:

$(6.000 \times 3) / 100 = 180$ euros (intereses año).

$180 / 2 = 90$ euros (intereses semestrales).

D	(572) BANCOS	H
90		

D	(779) OTROS INGRESOS FINANCIEROS	H
		90

Como puede observarse los intereses cobrados se han anotado en el haber de la cuenta **(779)** al tratarse de un aumento de patrimonio.

Al final del segundo año el banco abona a la cuenta corriente de la empresa B la **devolución del depósito**:

D	(572) BANCOS	H
6.000		

D	(258) IMPOSICIONES A LARGO PLAZO	H
		6.000

6.7 ADVERTENCIA SOBRE EL PLAZO DEL INMOVILIZADO FINANCIERO

Como ha podido observarse al tratarse de **INMOVILIZADO FINANCIERO** se ha considerado que las inversiones (participación en empresas, préstamos, valores representativos de deuda, imposiciones bancarias) son a **LARGO PLAZO** (superior a un año).

Pero como resulta evidente **el transcurso del tiempo trae consigo que determinadas inversiones financieras que eran a LARGO PLAZO pasen a considerarse a CORTO PLAZO, al llegar a vencimiento a un año o a plazos inferiores.** En este caso contablemente hay que efectuar una **RECLASIFICACIÓN**: pasar de **LARGO PLAZO** a **CORTO PLAZO** determinadas cuentas.

La anotación contable será:

D	- - - - - - - - - - - A CORTO PLAZO	H
X		

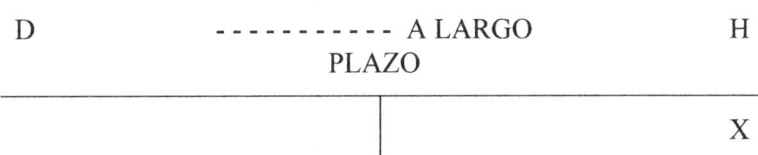

Supongamos que un préstamo concedido a una empresa del grupo por importe de 60.000 euros con vencimiento inicial a tres años, se encuentra ya a un plazo de un año para su reembolso por el prestatario.

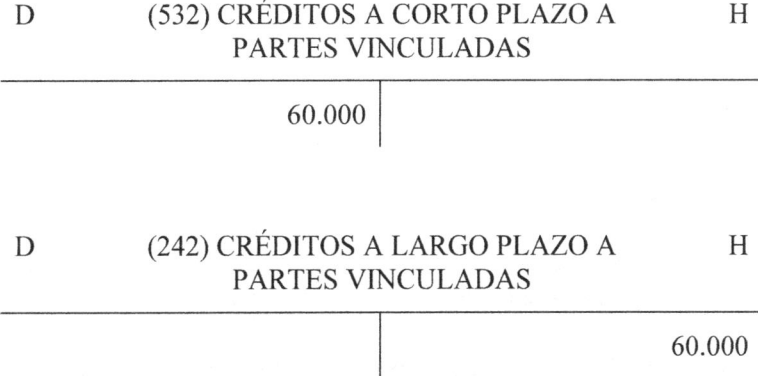

Con esta anotación contable la cuenta **(242)** que es de **largo plazo**, quedará con saldo cero y el importe del préstamo concedido se recoge en la cuenta **(532)** que es de **corto plazo**.

Hay que advertir que en los ejemplos anteriores resueltos en este capítulo dedicado al **INMOVILIZADO FINANCIERO** no se ha efectuado la correspondiente **RECLASIFICACIÓN** de largo a corto plazo, en aras posiblemente de una mejor comprensión de la problemática contable tratada.

6.8 PÉRDIDAS DE VALOR DEL INMOVILIZADO FINANCIERO

El **INMOVILIZADO FINANCIERO** puede **perder valor** como consecuencia de:

- **Bajada de la cotización de acciones poseídas por la empresa.**

- **Morosidad e insolvencia de los prestatarios en los préstamos otorgados por la empresa.**

Estas pérdidas de valor pueden ser:

- **Irreversibles**.

- **Reversibles**.

La casuística contable es similar a la de pérdida de valor de los elementos del inmovilizado material o del inmovilizado intangible (véase el epígrafe 4.10).

6.9 OTRAS INVERSIONES FINANCIERAS

También puede efectuar la empresa inversiones financieras que desde un principio son a **CORTO PLAZO**. En este caso las cuentas a utilizar más frecuentes son:

(530) **PARTICIPACIONES A CORTO PLAZO DE PARTES VINCULADAS**.

(540) **INVERSIONES FINANCIERAS A CORTO PLAZO EN INSTRUMENTOS DE PATRIMONIO**.

(541) **VALORES REPRESENTATIVOS DE DEUDA A CORTO PLAZO**.

(542) **CRÉDITOS A CORTO PLAZO**.

(543) **CRÉDITOS A CORTO PLAZO POR ENAJENACIÓN DE INMOVILIZADO**.

(544) **CRÉDITOS A CORTO PLAZO AL PERSONAL**.

(548) **IMPOSICIONES A CORTO PLAZO**.

Las anotaciones contables a realizar por las inversiones financieras a corto plazo son similares a las que se han ido haciendo en referencia a las de largo plazo.

Capítulo 7

EXISTENCIAS

7.1 CONCEPTO DE EXISTENCIAS

En **EXISTENCIAS** se recogen:

- **Artículos adquiridos por la empresa para su venta posterior sin transformación**.

- **Materias primas y auxiliares para su utilización en el proceso de fabricación de productos**.

- **Productos en proceso de fabricación, todavía sin terminar**.

- **Productos terminados para la venta fabricados por la propia empresa**.

- **Materiales adquiridos por la empresa para su consumo interno fuera de la fabricación**.

Como puede observarse normalmente las **EXISTENCIAS** permanecen en la empresa (hasta que se venden o consumen) durante un plazo que contablemente se considera a **CORTO** (hasta un año). No obstante, cabe señalar que puede haber **EXISTENCIAS** que permanecen normalmente en la empresa un plazo superior a un año (**EXISTENCIAS de ciclo largo**), como por ejemplo:

- **Promoción inmobiliaria de viviendas y locales.**

- **Elaboración de vinos de solera, cava, brandis, etc.**

- **Fabricación naval en astilleros.**

- **Fabricación aeronáutica.**

- **Etc.**

7.2 CUENTAS DE EXISTENCIAS

En el Plan General de Contabilidad español se recogen las siguientes cuentas en relación con EXISTENCIAS:

(30)   COMERCIALES

    (300)   MERCADERÍAS A

    (301)   MERCADERÍAS B

(31)   MATERIAS PRIMAS

    (310)   MATERIAS PRIMAS A

    (311)   MATERIAS PRIMAS B

(32)   OTROS APROVISIONAMIENTOS

    (320)   ELEMENTOS Y CONJUNTOS INCORPORABLES

    (321)   COMBUSTIBLES

    (322)   REPUESTOS

    (325)   MATERIALES DIVERSOS

    (326)   EMBALAJES

    (327)   ENVASES

    (328)   MATERIAL DE OFICINA

(33)   PRODUCTOS EN CURSO

        (330)   PRODUCTOS EN CURSO A

        (331)   PRODUCTOS EN CURSO B

(34)   PRODUCTOS SEMITERMINADOS

        (340)   PRODUCTOS SEMITERMINADOS A

        (341)   PRODUCTOS SEMITERMINADOS B

(35)   PRODUCTOS TERMINADOS

        (350)   PRODUCTOS TERMINADOS A

        (351)   PRODUCTOS TERMINADOS B

(36)   SUBPRODUCTOS,   RESIDUOS   Y   MATERIALES RECUPERADOS

        (360)   SUBPRODUCTOS A

        (361)   SUBPRODUCTOS B

        (365)   RESIDUOS A

        (366)   RESIDUOS B

        (368)   MATERIALES RECUPERADOS A

        (369)   MATERIALES RECUPERADOS B

7.3 CONTENIDO DE LAS DISTINTAS CLASES DE EXISTENCIAS

Mercaderías.

- Artículos adquiridos por la empresa y destinados a la venta sin transformación, que constituye la actividad de las empresas comerciales, tanto mayoristas como minoristas.

Materias primas.

- Bienes que, mediante elaboración o transformación, se destinan a formar parte de los productos fabricados por la empresa.

Elementos y conjuntos incorporables.

- Los fabricados fuera de la empresa y adquiridos por esta para incorporarlos a su producción, sin someterlos a transformación, como, por ejemplo, los neumáticos en la industria del automóvil.

Combustibles.

- Materias energéticas susceptibles de almacenamiento, como, por ejemplo, el fueloil.

Repuestos.

- Piezas destinadas a ser montadas en instalaciones, equipos o máquinas en sustitución de otras semejantes. Se incluirán en esta cuenta las que tengan un ciclo de almacenamiento inferior a un año.

Materiales diversos.

- Otros materiales de consumo interno, que no forman parte de la fabricación de ningún producto por parte de la empresa.

Embalajes.

- Cubiertas o envolturas, generalmente irrecuperables, destinadas a resguardar productos o mercancías que han de transportarse, como, por ejemplo, cajas de cartón, plástico o madera.

Envases.

- Recipientes o vasijas, normalmente destinados a la venta juntamente con el producto que contienen, como, por ejemplo, la lata de una conserva de pescado o la botella de una bebida.

Material de oficina.

- Material muy diverso destinado a la finalidad que se indica.

Productos en curso.

-   Se trata de productos en curso de transformación todavía sin terminar.

Productos semiterminados.

-   Los fabricados por la propia empresa, sin destino normalmente a su venta, hasta que sean objeto de transformación posterior, como, por ejemplo, los productos terminados sin envasar en el caso de que se comercialicen ya envasados.

Productos terminados.

-   Se trata de los productos fabricados por la empresa y que pueden ser objeto de venta, por estar ya totalmente terminados.

Subproductos, residuos y materiales recuperados.

-   Son subproductos los de carácter secundario o accesorio para la fabricación principal, como, por ejemplo, el orujo y alías en la industria vinícola.

-   Los residuos son los obtenidos inevitablemente y al mismo tiempo que los productos o subproductos, siempre que tengan valor intrínseco y puedan ser reutilizados o vendidos, como, por ejemplo las cáscaras y pulpa de los cítricos, después de extraer el zumo en las industrias de elaboración de bebidas refrescantes, para su utilización en la obtención de mermeladas.

-   Los materiales recuperados son los que, por tener valor intrínseco, entran nuevamente en almacén después de haber sido utilizados en el proceso productivo, y una vez que han sido reacondicionados para su uso.

7.4 VALOR INICIAL DE LAS EXISTENCIAS

Los bienes comprendidos en **EXISTENCIAS** se valorarán inicialmente:

-   **Por el precio de adquisición**.

-   **Por el coste de producción**.

El **precio de adquisición** comprende el consignado en factura del proveedor con los descuentos comerciales que procedan más todos los gastos adicionales que se produzcan hasta que las existencias se hallen en el almacén de la empresa, tales como: transportes, aranceles de aduanas, seguros y otros directamente atribuibles a la adquisición de las existencias.

Recordemos al lector que **no se incluye el IVA soportado** que posteriormente se puede restar en la liquidación del impuesto con Hacienda, por tanto, recuperar el mismo.

Al **precio de adquisición** se valorarán todas las existencias adquiridas a terceros:

-   **Mercaderías**.

-   **Materias primas**.

-   **Elementos y conjuntos incorporables**.

-   **Combustibles**.

-   **Repuestos**.

-   **Embalajes**.

-   **Envases**.

-   **Material de oficina**.

El **coste de producción** está formado por:

-   El precio de adquisición de las materias primas consumidas en la fabricación del producto.

-   El coste de la mano de obra empleada en la fabricación del producto.

-   Otros costes que puedan atribuirse directa o indirectamente a la fabricación del producto.

El **coste de producción** se aplicará para la valoración de las existencias fabricadas en la propia empresa:

- **Productos en curso**.

- **Productos semiterminados**.

- **Productos terminados**.

- **Subproductos**.

- **Residuos**.

- **Materiales recuperados**.

7.5 PÉRDIDA DE VALOR DE LAS EXISTENCIAS

Tal como se ha indicado en el epígrafe anterior las existencias se valoran inicialmente por su precio de adquisición o por su coste de producción, según proceda. **Pero las existencias pueden posteriormente perder valor**. Esta **pérdida de valor** puede ser por:

- **Deterioro físico (rotura, pérdida de propiedades físicas, etc.)**.

- **Deterioro comercial (reducción de la demanda con bajada de precios por avances técnicos, cambios en la moda, etc.)**.

En contabilidad solo se registra la pérdida de valor de las existencias cuando su valor contable (precio de adquisición o coste de producción) quede por debajo del valor de mercado. Se entiende por **valor de mercado**:

- **Para las materias primas su precio de reposición o su valor neto realizable si fuese menor**.

- **Para las mercaderías y productos terminados, así como para los productos en curso, su valor neto realizable**.

Se entiende por **precio de reposición** el importe actual que debería pagarse para adquirirlo.

Se considera **valor neto realizable** el importe que se puede obtener por su venta en el mercado con deducción de los gastos estimados necesarios para llevar a cabo dicha venta.

Veamos varios ejemplos:

Ejemplo 1:

Determinadas materias primas tienen un precio de adquisición unitario de 15,20 euros. A final del ejercicio cuando se hace el inventario se estima que su precio de reposición unitario es de 12,50 euros y su valor neto realizable unitario de 13,75 euros.

En este caso al ser el precio de reposición unitario inferior al valor neto realizable unitario prevalece la valoración de 12,50 euros. Por tanto habrá una pérdida de valor unitario de:

Valor de mercado	**12,50 euros**
Valor contable	**(15,20) euros**
	(2,70) euros

Ejemplo 2:

Determinadas mercaderías presentan un precio de adquisición unitario de 21,45 euros. Al efectuarse el inventario al final del ejercicio se estima que su valor neto realizable unitario es de 20,50 euros. En consecuencia habrá una pérdida de valor unitario de:

Valor de mercado	**20,50 euros**
Valor contable	**(21,45) euros**
	(0,95) euros

Ejemplo 3:

Determinados productos terminados tienen un coste de producción unitario de 118,50 euros. A final del ejercicio al efectuarse el inventario se estima que su valor neto realizable unitario es de 128,30 euros. En este caso no hay pérdida de valor, pero la plusvalía no se contabiliza. **SOLO SE TIENEN EN CUENTA LAS PÉRDIDAS DE VALOR**. La razón de ello es que se aplica el **PRINCIPIO DE PRUDENCIA**, de acuerdo con este principio **las ganancias se contabilizan** cuando ya están realizadas (vendidos los productos terminados) mientras que las pérdidas potenciales previsibles sin esperar a su venta. Se contabilizan de forma anticipada.

Las **pérdidas de valor** de las existencias pueden ser:

- **Reversibles**.

- **Irreversibles**.

Si consideramos reversibles las pérdidas de valor en el caso de que el motivo que originó la situación de pérdida dejase de ponerse de manifiesto y, por tanto, REVIERTE la situación y lo que en su día se consideró pérdida ahora deja de serlo y procede contabilizar una ganancia para anular la pérdida registrada anteriormente.

Las **pérdidas reversibles** de existencias se llevan a la cuenta de pérdidas y ganancias del ejercicio en que se ponen de manifiesto y, tal como ya se ha indicado, pueden **REVERTIR** las pérdidas posteriormente y llevarse como ganancias a la cuenta de pérdidas y ganancias.

Mientras la pérdida de valor de las existencias se considere **reversible se recogerá en el balance dentro del epígrafe de EXISTENCIAS pero con signo negativo**.

En el caso de **pérdidas irreversibles de valor de las existencias se tendría en cuenta al valorarse el inventario de existencias al final del año**. Es decir: se dará entrada a las **EXISTENCIAS** en el balance de final del año con la pérdida ya incorporada, al valorarse las existencias por un menor importe del que tenían con anterioridad.

Capítulo 8

CLIENTES Y OTROS DEUDORES POR OPERACIONES DE TRÁFICO

8.1 DEUDORES POR OPERACIONES DE TRÁFICO

Se entiende por **OPERACIONES DE TRÁFICO las que realiza la empresa en su actividad ordinaria de explotación**. Como consecuencia de estas operaciones se ponen de manifiesto derechos de cobro para la empresa contra determinados deudores.

Entre estos deudores cabe señalar principalmente a los **CLIENTES** como consecuencia de las ventas y servicios prestados por la empresa a los mismos, pendientes de cobro.

Otros derechos de cobro pueden ser:

- **Anticipos al personal de la empresa**, que normalmente se cobran al final de mes restándolos de la nómina.

- **Hacienda Pública deudora por IVA**, (cuando en la liquidación de dicho impuesto procede devolución por parte de Hacienda).

- **Hacienda Pública deudora por subvenciones concedidas** pero que todavía no ha cobrado la empresa.

- **Hacienda Pública deudora por devolución de impuestos** ingresados, en su día indebidamente y que Hacienda ha reconocido que tiene que devolver.

- **Etc**.

Al tratarse de derechos de cobro cabe recordar que el aumento de los mismos se anotará en el debe de la cuenta de que se trate, mientras que la disminución (normalmente por cobro) se anota en el haber de la cuenta correspondiente.

8.2 CUENTAS DE CLIENTES

Cabe señalar las siguientes:

(430) **CLIENTES**.

(431) **CLIENTES, EFECTOS COMERCIALES A COBRAR**.

(436) **CLIENTES DE DUDOSO COBRO**.

(438) **ANTICIPOS DE CLIENTES**.

En la cuenta **(431) CLIENTES, EFECTOS COMERCIALES A COBRAR** se recogen los derechos de cobro que están **materializados en letras o pagarés**. La ventaja de las letras y pagarés es que pueden **descontarse en los bancos y obtener el cobro anticipadamente sin esperar al vencimiento**. Este anticipo financiero, como es obvio, tiene **un coste a favor de la entidad bancaria**.

En la cuenta **(436) CLIENTES DE DUDOSO COBRO** se recogen los derechos de cobro respecto a los cuales la empresa tiene dudas en cuanto a que van a ser satisfechas por los deudores. **NO SE TRATA DE INSOLVENCIAS DEFINITIVAS SINO RAZONABLEMENTE PROBABLES** dadas una serie de circunstancias, tales como:

- El cliente ha sido declarado en concurso de acreedores.

- El cliente no ha atendido al pago en el vencimiento establecido y se está en gestiones de cobro con el mismo.

- Se tiene conocimiento de que el cliente no viene atendiendo los pagos de sus deudas, aunque el derecho de cobro de la empresa no ha vencido todavía.

- Etc.

En la cuenta **(438) ANTICIPOS DE CLIENTES** se recogen las entregas de efectivo efectuadas por los clientes a cuenta de futuros pedidos que le van a ser servidos por la empresa. Como es obvio, cuando se sirva el pedido al facturar al cliente la venta se restará al anticipo recibido, en su día, del mismo.

8.3 CONTABILIZACIÓN DE LAS VENTAS

Las **ventas** efectuadas por la empresa pueden ser:

- **Al contado**.

- **A crédito**.

8.3.1 Contabilización de la venta al contado

Supongamos que la empresa K ha vendido mercaderías por importe de 2.150 euros (sin IVA), que ha cobrado al contado. Este cobro ha sido por un importe total de:

Importe de la venta	2.150,00 euros
IVA: 21 por 100	(451,50) euros
	2.601,50 euros

Para la contabilización se ha de tener presente:

- La cuenta **(570) CAJA, EUROS** ha aumentado en 2.601,50 euros como consecuencia del cobro efectuado. Por tanto la anotación se hará en el debe (parte izquierda de la cuenta) al tratarse de un aumento de bienes.

- La cuenta **(700) VENTAS DE MERCADERÍAS** recoge un ingreso que incrementa el patrimonio de la empresa. La anotación tiene que hacerse en el haber (parte derecha de la cuenta) por importe de 2.150 euros.

- El IVA cobrado al cliente tiene que incluirse en la liquidación de dicho impuesto con Hacienda. Constituye una deuda por lo que al tratarse de un aumento tiene que anotarse en la cuenta **(477) IVA REPERCUTIDO** en el haber (parte derecha de la cuenta), por un importe de 451,50 euros.

La anotación contable será:

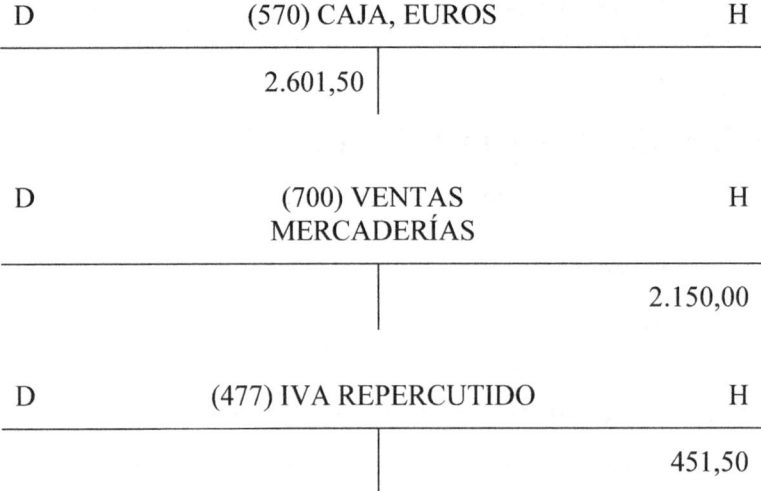

D	(570) CAJA, EUROS	H
2.601,50		

D	(700) VENTAS MERCADERÍAS	H
		2.150,00

D	(477) IVA REPERCUTIDO	H
		451,50

8.3.2 Contabilización de la venta a crédito

Supongamos que la empresa B ha vendido mercaderías por un importe de 3.820 euros (sin IVA) al cliente M. El cobro que se efectuará dentro de 60 días será por un importe de:

Importe de la venta	3.820,00 euros
IVA: 21 por 100	802,20 euros
	4.622,20 euros

Para la contabilización ha de tenerse en consideración:

- El derecho de cobro contra el cliente ha aumentado en 4.622,20 euros por lo que la anotación contable se hará en el debe (parte izquierda) de la cuenta **(430) CLIENTES**.

- La venta de mercaderías que constituye un ingreso que aumenta el patrimonio se anotará por un importe de 3.820 euros en el haber (parte derecha) de la cuenta **(700) VENTAS DE MERCADERÍAS**.

- El IVA repercutido al cliente tiene que liquidarse con Hacienda. Al constituir una deuda se anotará en el haber (parte derecha) de la cuenta **(477) IVA REPERCUTIDO**.

La anotación contable será:

D	(430) CLIENTES	H
4.622,20		

D	(700) VENTAS MERCADERÍAS	H
		3.820,00

D	(477) IVA REPERCUTIDO	H
		802,20

8.4 OPERACIONES RELACIONADAS CON LAS VENTAS

Respecto a las **operaciones relacionadas con las ventas** cabe indicar:

- **Devoluciones de ventas por parte de los clientes.**

- **Descuentos efectuados a favor de los clientes.**

Los **descuentos** a favor de los clientes pueden ser:

- **Descuento comercial incluido en la factura al cliente**.

- Descuento efectuado al cliente en el momento del cobro por haber pagado este en fecha anticipada a la establecida como vencimiento. Se trata de descuento **POR PRONTO PAGO**.

- **Descuento comercial efectuado al cliente pero con posterioridad a la facturación de la venta por alguna causa concreta** (diferencia en los precios aplicados, entrega fuera de plazo, distintas calidades, etc.).

- **Descuento comercial por el volumen de pedidos** tenidos con el cliente durante un intervalo de tiempo determinado (semestre, año). Este descuento o bonificación por consumo se conoce como **RAPPEL**.

Cuando el descuento se incluye en la factura al cliente no hay que contabilizarlo por separado. La venta se contabiliza por el **importe neto**. Es decir:

Importe bruto de la venta	**4.100,00 euros**
Descuento comercial: 5 por 100	**(205,00) euros**
Importe neto de la venta	**3.895,00 euros**
IVA: 21 por 100 sobre 3.895 euros	**817,95 euros**
	4.712,95 euros

La contabilización se hará de la forma habitual como en cualquier otra venta (véanse los epígrafes 3.1 y 3.2).

En el caso de **devolución de ventas** por parte del cliente se operará de la forma siguiente:

Importe de la venta devuelta por el cliente (sin IVA)	5.250,00 euros
IVA de la devolución: 21 por 100	1.102,50 euros
	6.352,50 euros

Como al cliente se le incluyó en su día el IVA en la factura, en la devolución tiene que incluirse también el IVA.

Supongamos que se ha contabilizado la siguiente venta:

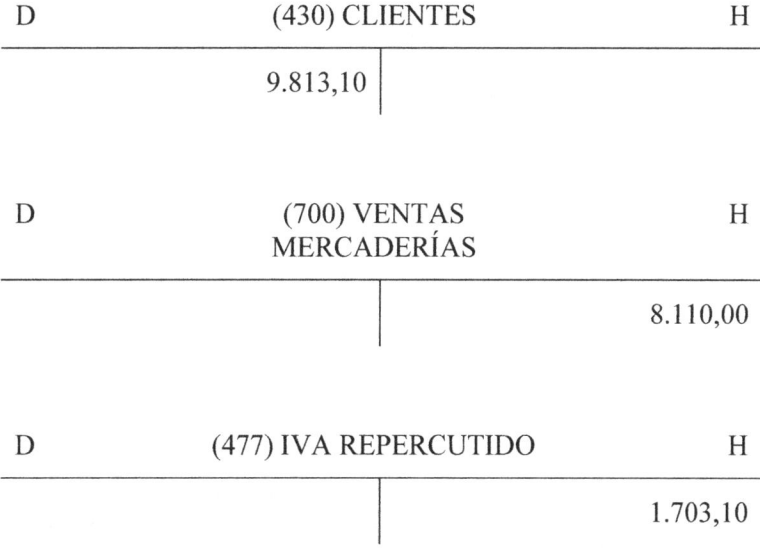

D	(430) CLIENTES	H
9.813,10		

D	(700) VENTAS MERCADERÍAS	H
		8.110,00

D	(477) IVA REPERCUTIDO	H
		1.703,10

El cliente devuelve las mercaderías vendidas en su totalidad.

Como consecuencia de esta devolución por parte del cliente, tenemos:

- Al cliente que tiene anotado en el debe de su cuenta un importe de 9.813,10 euros, hay que hacerle una anotación en el haber de su cuenta por el mismo importe y así anular el derecho de cobro que la empresa tenía. El cliente ya no tiene que pagar importe alguno.

- En la cuenta **(477) IVA REPERCUTIDO** que tiene anotado en su haber un importe de 1.703,10 euros por la venta anterior, hay que efectuar una anotación por dicho importe en el debe y así anular la deuda con Hacienda, ya que dicho IVA no hay que liquidarlo, pues la venta ha sido devuelta por el cliente.

- El importe de la venta por 8.110 euros hay que anularlo. Para ello se anota dicho importe en el debe de la cuenta **(708) DEVOLUCIONES DE VENTAS**.

La anotación contable será:

D	(708) DEVOLUCIÓN DE VENTAS	H
8.110,00		

D	(477) IVA REPERCUTIDO	H
1.703,10		

D	(430) CLIENTES	H
		9.813,10

Si contemplamos conjuntamente los dos asientos contables (la venta y la devolución de la venta) podemos ver que las cuentas **(430) CLIENTES** y **(477) IVA REPERCUTIDO** han quedado anuladas. Pero quedan abiertas:

DEBE:

(708) DEVOLUCIONES DE VENTAS   **8.110 euros**

HABER:

(700) VENTAS DE MERCADERÍAS   **8.110 euros**

El efecto neto contable de ambas cuentas es evidentemente nulo.

En el caso de **descuento fuera de la factura inicial** se operará de la forma siguiente, suponiendo que se trata de la bonificación por consumo (**rappel**) correspondiente a los pedidos servidos al cliente S durante el primer semestre del año:

Importe del rappel	2.850,00 euros
IVA: 21 por 100	598,50 euros
	3.448,50 euros

El rappel supone un descuento que se efectúa al cliente con posterioridad a la facturación de los pedidos servidos al mismo. Como el cliente ha pagado sus compras con el IVA incluido, en el descuento (rappel) hay que incluir también el IVA correspondiente.

El importe del rappel por el citado importe de 3.448,50 euros se paga al cliente mediante cheque bancario.

Para la contabilización deberá tenerse en consideración:

- En la cuenta **(572) BANCOS** se anotará en su haber un importe de 3.448,50 euros, ya que se trata de una disminución de bienes.

- En la cuenta **(477) IVA REPERCUTIDO** la anotación se hará, por importe de 598,50 euros, en el debe. De esta forma se anula el **IVA REPERCUTIDO** anotado en al haber cuando se contabilizaron las ventas respecto a las cuales se paga el rappel.

- El importe del rappel (sin IVA) se anotará en el debe de la cuenta **(709) RAPPELS SOBRE VENTAS**.

La anotación contable será:

D	(709) RAPPELS SOBRE VENTAS	H
2.850,00		

D	(477) IVA REPERCUTIDO	H
598,50		

D	(572) BANCOS	H
		3.448,50

Como puede observarse, después de esta anotación, la cuenta **(709) RAPPELS SOBRE VENTAS** queda abierta en el debe por el mismo importe de 2.850 euros. Esta cuenta está compensando las ventas por dicho importe contabilizadas, en su día, en la cuenta **(700) VENTAS DE MERCADERÍAS** en su haber, ya que dichas ventas han quedado disminuidas por el rappel efectuado al cliente.

8.5 COBRO A CLIENTES

Los **derechos de cobro** contra los clientes se pueden cobrar:

- **Por caja**.

- **Por cheque del cliente**.

- **Por transferencia bancaria del cliente**.

- **Por tarjeta de crédito del cliente**.

- **Por domiciliación bancaria de recibos, letras y pagarés a cargo del cliente**.

Supongamos que al cliente H que adeuda 575 euros se le cobra en efectivo:

D	(570) CAJA, EUROS	H
575		

D	(430) CLIENTES	H
		575

Supongamos que el cliente B que adeuda 3.950 euros paga por transferencia bancaria:

D	(572) BANCOS	H
3.950		

D	(430) CLIENTES	H
		3.950

Supongamos que al cliente T que adeuda 295 euros se le cobra mediante su tarjeta de crédito. El banco carga una comisión por dicho cobro de 3 euros.

D	(572) BANCOS	H
292		

D	(626) SERVICIOS BANCARIOS Y SIMILARES	H
3		

D	(430) CLIENTES	H
		295

La cuenta **(626)** que es de gasto se incluye, al final del año, en la cuenta de pérdidas y ganancias.

Para el cobro a clientes es bastante frecuente que el derecho de cobro que tiene la empresa se recoja en una **letra de cambio o en un pagaré**. En este caso el derecho de cobro hay que recogerlo en la cuenta **(431) CLIENTES, EFECTOS COMERCIALES A COBRAR**.

Supongamos que del cliente M que adeuda 6.118 euros se recibe un pagaré por dicho importe. La anotación contable será:

D	(431) CLIENTES EFECTOS COMERCIALES A COBRAR	H
6.118		

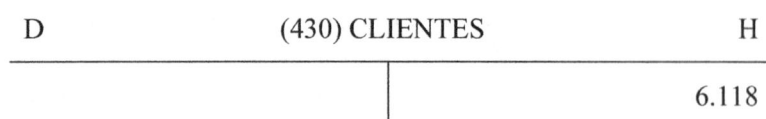

D	(430) CLIENTES	H
		6.118

Como puede observarse se ha efectuado un traspaso contable de la cuenta **(430)** a la cuenta **(431)**. A este traspaso se le llama **RECLASIFICACIÓN**. Después de esta anotación contable es evidente que el derecho de cobro contra el cliente M se recoge ahora en la cuenta **(431) CLIENTES, EFECTOS COMERCIALES A COBRAR**.

Al cobrarse el pagaré en su vencimiento se hará:

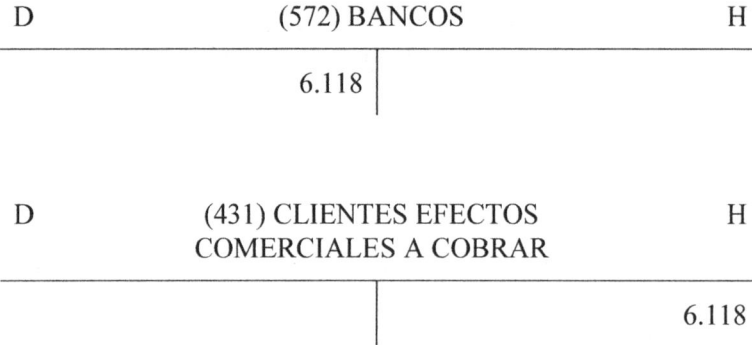

D	(572) BANCOS	H
6.118		

D	(431) CLIENTES EFECTOS COMERCIALES A COBRAR	H
		6.118

Pero el cobro de los efectos (letras de cambio, pagarés) a cargo de clientes se puede hacer de forma anticipada (sin esperar al vencimiento) a través de una operación bancaria conocida como **DESCUENTO BANCARIO DE EFECTOS COMERCIALES**. (Véase el epígrafe siguiente).

8.6 DESCUENTO BANCARIO DE EFECTOS COMERCIALES

En primer lugar cabe señalar que en un efecto comercial hay que distinguir:

- **Librador**: la persona que tiene el derecho de cobro.

- **Librado**: la persona que tiene la obligación del pago.

Se trata de un **EFECTO COMERCIAL si la relación derecho cobro – obligación pago se deriva de una operación comercial (compra – venta de bienes o prestación de servicios). Mediante la operación de descuento bancario** el librador (empresa vendedora) cede su derecho de cobro al banco a cambio de recibir de este la anticipación del cobro (con descuento de los intereses y comisiones correspondientes). Por tanto, el banco realizará, al vencimiento, el cobro del efecto que tendrá que pagar el librado (empresa compradora) y de esta forma el banco recupera el dinero anticipado con intereses y comisiones.

Si el **banco no cobra al vencimiento** al librado entonces ejerce el llamado **DERECHO DE REGRESO** que consiste en volver la operación de descuento bancario hacia atrás. **El banco cobrará al librador el importe del efecto comercial no atendido a su vencimiento por el librado**.

Por tanto la empresa se encontrará de nuevo con un **EFECTO COMERCIAL A COBRAR IMPAGADO** a su vencimiento. Como es obvio, tendrá que hacer las oportunas gestiones para su cobro. Si estas gestiones no dan resultado la empresa **incurrirá en una pérdida por insolvencia de clientes**.

En cuanto a la contabilización de la operación de descuento bancario de efectos comerciales vamos a centrarnos en el siguiente ejemplo:

Supongamos que la empresa H que tiene un efecto a cobrar al cliente N por importe de 6.250 euros, con vencimiento a 60 días, lo descuenta en el banco A.

El banco abona en la cuenta corriente de la empresa H un importe de:

Importe del efecto	6.520 euros
Descuento bancario	(59) euros
	6.461 euros

Esta operación de descuento bancario se puede contabilizar de dos formas:

- A) Dando de baja al efecto en el momento de su descuento.

- B) Esperar a dar de baja al efecto cuando llegue su vencimiento.

8.6.1   Contabilización de la operación de descuento bancario dando de baja al efecto en el momento de su descuento

Supongamos que la empresa K tiene un efecto a cobrar a su cliente B por importe de 7.825 euros contabilizado en la cuenta **(431) CLIENTES, EFECTOS COMERCIALES A COBRAR** que lo lleva al banco A para su descuento. El banco cobra por intereses, comisiones y gastos un importe de 75 euros, abonando la diferencia en la cuenta corriente abierta por la empresa K en dicho banco.

Para la anotación contable se ha de tener en consideración:

- El importe abonado por el banco por importe de 7.750 euros se anota en el debe (parte izquierda) de la cuenta **(572) BANCOS**, ya que se trata de un aumento de bienes.

- El importe de los gastos de descuento por 75 euros se anota en el debe (parte izquierda) de la cuenta **(665) INTERESES POR DESCUENTO DE EFECTOS**, ya que se trata de una disminución de patrimonio.

- La baja del efecto por importe de 7.825 euros, al ser descontado en el banco, se anota en el haber de la cuenta **(431) CLIENTES, EFECTOS COMERCIALES A COBRAR**, al tratarse de una disminución de un derecho de cobro.

La anotación contable será:

D	(572) BANCOS	H
7.750		

D	(665) INTERESES POR DESCUENTO DE EFECTOS	H
75		

D	(431) CLIENTES EFECTOS COMERCIALES A COBRAR	H
		7.825

8.6.2   Contabilización de la operación de descuento bancario dando de baja al efecto descontado en el momento de su vencimiento

Supongamos que la empresa D tiene un efecto a cobrar a su cliente R por un importe de 9.110 euros contabilizado en la cuenta **(431) CLIENTES, EFECTOS COMERCIALES A COBRAR** que lo lleva al banco Y para su descuento. El banco cobra por intereses, comisiones y gastos un importe de 97 euros, abonando la diferencia por 9.013 euros en la cuenta corriente abierta por la empresa D en dicho banco.

Para la anotación contable se ha de tener presente:

-   El importe abonado por el banco por importe de 9.013 euros se anota en el debe (parte izquierda) en la cuenta **(572) BANCOS**, ya que se trata de un aumento de bienes.

-   El importe de los gastos de descuento por 97 euros se anota en el debe (parte izquierda) de la cuenta **(665) INTERESES POR DESCUENTO DE EFECTOS**, ya que se trata de una disminución de patrimonio.

-   No se da de baja al efecto descontado hasta su vencimiento. Mientras tanto se contabiliza una deuda con el banco por el anticipo recibido (incluido los gastos del descuento) ya que la deuda permanece hasta que llegue el vencimiento y el banco pueda cobrar el efecto al librado.

La anotación contable será:

D	(572) BANCOS	H
9.013		

D	(665) INTERESES POR DESCUENTO DE EFECTOS	H
97		

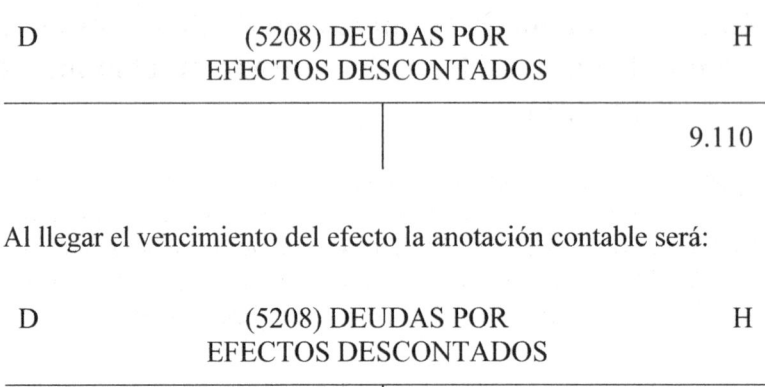

D	(5208) DEUDAS POR EFECTOS DESCONTADOS	H
		9.110

Al llegar el vencimiento del efecto la anotación contable será:

D	(5208) DEUDAS POR EFECTOS DESCONTADOS	H
9.110		

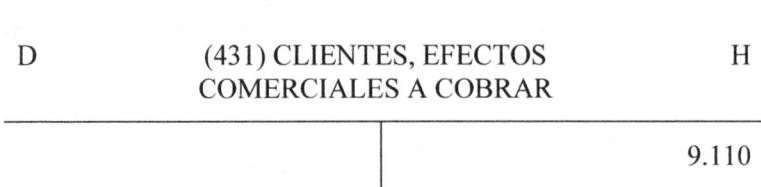

D	(431) CLIENTES, EFECTOS COMERCIALES A COBRAR	H
		9.110

Después de esta anotación contable:

- **El efecto es dado de baja**.

- **La deuda con el banco queda anulada**.

Hay que destacar que esta forma de contabilizar la operación del descuento bancario de efectos comerciales es la **ADMITIDA EN EL PLAN GENERAL DE CONTABILIDAD ESPAÑOL**.

8.7 MOROSIDAD E INSOLVENCIA DE LOS CLIENTES

Se considera MOROSIDAD el retraso en el pago por los clientes de sus deudas. Un CLIENTE MOROSO se considera el que pasado el vencimiento no ha satisfecho su deuda a la empresa. Mientras que un CLIENTE INSOLVENTE O FALLIDO es del que la empresa no va a cobrar definitivamente la deuda del mismo.

Contablemente se utiliza el término **CLIENTES DE DUDOSO COBRO**. Se trata de derechos contra clientes de los que la empresa **tiene dudas respecto a su cobro**. No se trata solamente de clientes morosos (que no han atendido el pago a su vencimiento) sino también aquellos que presentan alguna circunstancia que hace a la empresa dudar de su cobro total o parcial, tal como:

- Haber sido declarado el cliente en situación judicial de concurso de acreedores.

- Tener conocimiento la empresa de que el cliente viene impagando a otros acreedores.

- Tener conocimiento la empresa de la grave situación económica que por cualquier circunstancia coyuntural afecte al cliente.

- Haber sido declarado el cliente en situación de quiebra.

- Que el cobro depende de la resolución de una demanda judicial.

- Etc.

Los derechos de cobro contra clientes que la empresa considere de **DUDOSO COBRO** se recogen en la cuenta **(436) CLIENTES DE DUDOSO COBRO**.

Por tanto, cuando una empresa considere un crédito a clientes como de dudoso cobro deberá **RECLASIFICARLO** contablemente.

Supongamos que la empresa B tiene un derecho de cobro contra su cliente R por importe de 4.182 euros que se considera de dudoso cobro.

La anotación contable por el traspaso o reclasificación será:

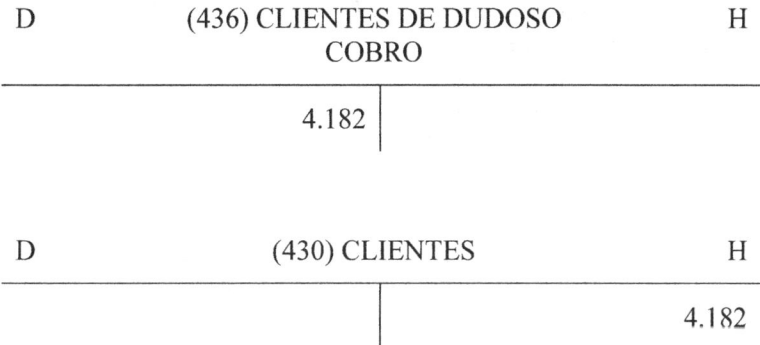

D	(436) CLIENTES DE DUDOSO COBRO	H
4.182		

D	(430) CLIENTES	H
		4.182

Después de esta anotación contable es evidente que el derecho de cobro contra el cliente R está regido en la cuenta **(436)**.

Pero la empresa B no se limita tan solo a recoger el derecho de cobro en la cuenta **(436) CLIENTES DE DUDOSO COBRO**, sino que, en base a un criterio de prudencia, **lo considera pérdida, aunque esta pérdida no sea definitiva**. Se trata, en principio, de una pérdida que puede ser **reversible**, ya que cabe la posibilidad de que más tarde termine cobrándose total o parcialmente la deuda del cliente. Esta **pérdida potencial o previsible** se recoge mediante la anotación contable (suponiendo el ejemplo anterior) siguiente:

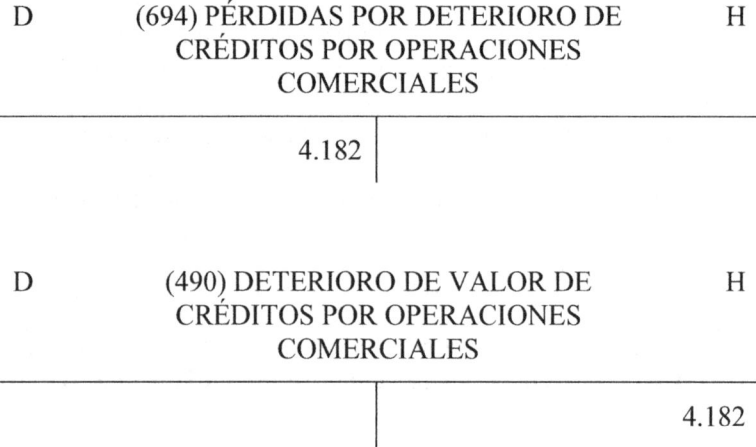

D	(694) PÉRDIDAS POR DETERIORO DE CRÉDITOS POR OPERACIONES COMERCIALES	H
4.182		

D	(490) DETERIORO DE VALOR DE CRÉDITOS POR OPERACIONES COMERCIALES	H
		4.182

Como puede observarse la cuenta **(694)** es de pérdidas (disminución de patrimonio) y se anotará, al final del año, en la cuenta de pérdidas y ganancias.

La cuenta **(490)** se recoge en el balance dentro del epígrafe de **CLIENTES** pero con signo negativo, ya que está disminuyendo el valor de la cuenta **(436) CLIENTES DE DUDOSO COBRO. Como puede observarse en vez de darse de baja al CLIENTE DE DUDOSO COBRO del balance, permanece en el mismo, pero su valor contrarrestado por la cuenta (490) con signo negativo. El valor neto es, por tanto, de cero.**

Posteriormente pueden darse tres situaciones:

- **La empresa cobra la totalidad de la deuda del cliente.**

- **La empresa cobra parcialmente la deuda del cliente y la diferencia se considera definitivamente perdida.**

- **La empresa considera la deuda del cliente como definitivamente perdida en su totalidad.**

Supongamos que en el caso que se está considerando el cliente R paga su deuda en su totalidad por importe de 4.182 euros.

Por el cobro se hará la siguiente anotación contable:

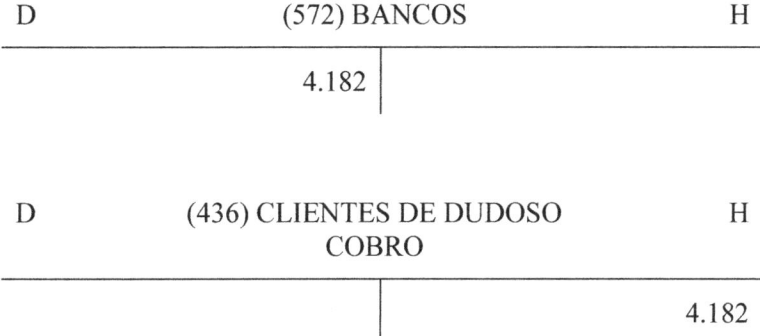

D	(572) BANCOS	H
4.182		

D	(436) CLIENTES DE DUDOSO COBRO	H
		4.182

Como la empresa ha cobrado la totalidad, la pérdida previsible (que se consideró, en su día, como posiblemente reversible) ya no lo es y para contrarrestarlo hay que contabilizar una ganancia por el mismo importe de 4.182 euros.

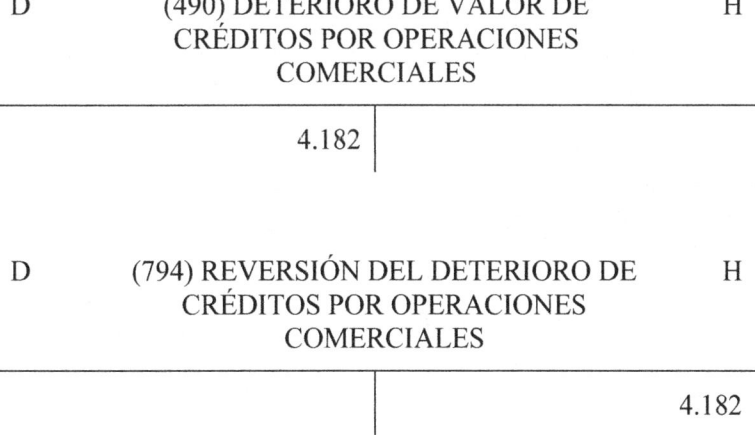

D	(490) DETERIORO DE VALOR DE CRÉDITOS POR OPERACIONES COMERCIALES	H
4.182		

D	(794) REVERSIÓN DEL DETERIORO DE CRÉDITOS POR OPERACIONES COMERCIALES	H
		4.182

Después de esta anotación contable la cuenta **(490)** queda anulada y la cuenta **(794)** que recoge una ganancia se incluirá, a final del año, en la cuenta de pérdidas y ganancias.

Supongamos que la deuda del cliente R se considera que no va a ser definitivamente cobrada.

La anotación contable será:

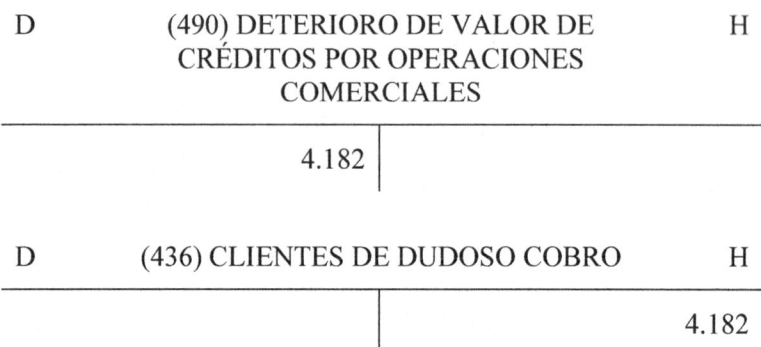

D	(490) DETERIORO DE VALOR DE CRÉDITOS POR OPERACIONES COMERCIALES	H
4.182		

D	(436) CLIENTES DE DUDOSO COBRO	H
		4.182

Con esta anotación contable las cuentas (490) y (436) quedan anuladas. La pérdida por el derecho de cobro fallido ya estaba contabilizada.

En el caso de que el cobro por parte de la empresa **sea parcial** la contabilización se hará:

- **Considerando la cantidad cobrada como una pérdida que ha revertido y, por tanto, origina una ganancia.**

- **Considerando la diferencia no cobrada como una pérdida definitiva.**

También puede darse el caso de que un derecho de cobro contra un cliente se considere definitivamente **pérdida o fallido sin haber pasado antes por la situación de DUDOSO COBRO** (caso poco frecuente pero que puede darse).

Supongamos que el cliente H que adeuda a la empresa C un importe de 5.825 euros se considera fallido, sin haber pasado previamente por la situación de dudoso cobro.

La anotación contable será:

D	(650) PÉRDIDAS DE CRÉDITOS COMERCIALES INCOBRABLES	H
5.825		

D	(430) CLIENTES	H
		5.825

Con esta anotación contable:

- Se recoge el importe del crédito fallido en una cuenta de pérdidas.

- Se da de baja el crédito al cliente H por haber resultado fallido.

8.8 OTROS DEUDORES POR OPERACIONES DE TRÁFICO

Además de **CLIENTES** puede haber **OTROS DEUDORES** por operaciones de tráfico. Entre ellos hay que señalar:

- **Personal de la empresa**.

- **Administraciones públicas** (estatal, autonómicas, local, seguridad social).

- **Otros deudores**.

Respecto al **PERSONAL DE LA EMPRESA** los derechos de cobro suelen venir motivados por anticipos fin de mes que se recogen en la cuenta **(460) ANTICIPOS DE REMUNERACIONES**. Estos anticipos los recupera la empresa normalmente en la liquidación de la nómina mensual.

En cuanto a **ADMINISTRACIONES PÚBLICAS** cabe señalar:

- Derechos de cobro contra la **HACIENDA PÚBLICA** como consecuencia de liquidación del IVA favorable a la empresa. Se recogen en la cuenta **(4700) HACIENDA PÚBLICA, DEUDORA POR IVA**.

- Derechos de cobro contra la **HACIENDA PÚBLICA** por subvenciones concedidas a la empresa pero que todavía están pendientes de cobro. Se recogen en la cuenta **(4708) HACIENDA PÚBLICA, DEUDORA POR SUBVENCIONES CONCEDIDAS**.

- Derechos de cobro contra la **HACIENDA PÚBLICA** derivados de impuestos ingresados en su día pero que procede su devolución a la empresa. Se recogen en la cuenta **(4709) HACIENDA PÚBLICA, DEUDORA POR DEVOLUCIÓN DE IMPUESTOS**.

- Derechos de cobro contra la **SEGURIDAD SOCIAL** que normalmente se recuperan al restarse de las liquidaciones periódicas de los seguros sociales. Se recogen en la cuenta **(471) ORGANISMOS DE LA SEGURIDAD SOCIAL, DEUDORES**.

- Derechos de cobro contra la **HACIENDA PÚBLICA** por retenciones de impuestos efectuadas a la empresa, así como por pagos a cuenta realizados por la misma. Estas retenciones y pagos a cuenta se recuperan al restarse en la liquidación del Impuesto de Sociedades a pagar por la empresa. Se recogen en la cuenta **(473) HACIENDA PÚBLICA, RETENCIONES Y PAGOS A CUENTA**.

Por último cabe indicar que los derechos de cobro por operaciones de tráfico que no estén relacionados con **CLIENTES, PERSONAL O ADMINISTRACIONES PÚBLICAS** se recogen en la cuenta **(440) DEUDORES**.

Se recuerda al lector que todos los aumentos de las cuentas que recogen derechos de cobro por operaciones de tráfico se anotan contablemente en el **DEBE** (parte izquierda de la cuenta), mientras que las disminuciones se anotan en el **HABER** (parte derecha de la cuenta).

Capítulo 9

ACTIVOS LÍQUIDOS (TESORERÍA)

9.1 CONCEPTO DE ACTIVOS LÍQUIDOS (TESORERÍA)

En **ACTIVOS LÍQUIDOS** se recoge principalmente:

- **Dinero en euros en la caja de la empresa.**

- **Dinero en moneda distinta al euro en la caja de la empresa.**

- **Depósitos bancarios de disposición inmediata por parte de la empresa.**

Al conjunto de activos líquidos se les llama también **TESORERÍA**.

9.2 CUENTAS DE ACTIVOS LÍQUIDOS O TESORERÍA

Cabe señalar las siguientes:

(570) CAJA, EUROS.

(571) CAJA, MONEDA EXTRANJERA.

(572) BANCOS E INSTITUCIONES DE CRÉDITO C/C VISTA, EUROS.

(573)   **BANCOS E INSTITUCIONES DE CRÉDITO C/C VISTA, MONEDA EXTRANJERA**.

(574)   **BANCOS E INSTITUCIONES DE CRÉDITO, CUENTAS DE AHORRO, EUROS**.

(575)   **BANCOS E INSTITUCIONES DE CRÉDITO, CUENTAS DE AHORRO, MONEDA EXTRANJERA**.

Para mayor simplificación en la presente publicación **SE ESTÁ UTILIZANDO UNA CUENTA ÚNICA PARA BANCOS** ya sean cuentas a la vista o de ahorro, expresadas en euros o en otras monedas. La cuenta única utilizada en esta publicación es **(572) BANCOS**.

La razón de utilizarse una sola CUENTA es para simplificar la casuística contable, ya que los cuatro tipos de cuentas presentan los mismos fundamentos de contabilización.

9.3 CAJA, EUROS

Dinero expresado en euros en CAJA de la empresa.

Al hacer referencia a CAJA se trata, como es obvio de todas las cajas que tenga la empresa (caja principal y auxiliares).

Los ingresos o cobros en efectivo en euros se anotan en el debe de la cuenta **(570) CAJA, EUROS**, mientras que las salidas o pagos se anotan en el haber de dicha cuenta.

Supongamos que las ventas cobradas al contado en efectivo en un centro comercial de la empresa H en un día determinado han sido por importe de 7.257 euros.

Para contabilizar estas ventas se ha de tener presente que en el importe de 7.257 euros está incluido el IVA del 21 por 100, por tanto, las ventas (sin IVA) son de:

$$(7.257 / 121) \times 100 = 5.997,52 \text{ euros.}$$

El IVA incluido es de:

$$(5.997,52 \times 21) / 100 = 1.259,48 \text{ euros.}$$

De donde:

Importe venta	5.997,52 euros
IVA	<u>1.259,48 euros</u>
	<u>7.257,00 euros</u>

La anotación contable será:

D	(570) CAJA, EUROS	H
7.257,00		

D	(700) VENTAS MERCADERÍAS	H
		5.997,52

D	(477) IVA REPERCUTIDO	H
		1.259,48

Supongamos que por reparación de una máquina de la fábrica se ha recibido en la empresa una factura con el siguiente detalle:

Reparación	310,00 euros
IVA: 21 por 100	<u>65,10 euros</u>
	<u>375,10 euros</u>

La factura se ha pagado en efectivo a través de la caja de la empresa.

La anotación contable será:

D	(622) REPARACIONES Y CONSERVACIÓN	H
310,00		

D	(472) IVA SOPORTADO	H
65,10		

D	(570) CAJA, EUROS	H
		375,10

La cuenta de gastos **(622)** se llevará, a final del año, a la cuenta de pérdidas y ganancias.

Para comprobar el dinero existente en caja se efectuará, por parte de la empresa, ARQUEOS.

Los **ARQUEOS DE CAJA** se efectúan periódicamente (diariamente, al final de mes, etc.) o bien de forma esporádica con mayor o menor frecuencia.

Las diferencias de arqueo detectadas (favorables o desfavorables) tienen que reflejarse contablemente, constituyendo una ganancia o una pérdida para la empresa, salvo que las diferencias corran por cuenta del empleado responsable de la custodia y movimiento de la caja de que se trate.

Supongamos que el saldo contable de **CAJA** a 30 de abril 2013, es de 3.118,50 euros, pero se ha efectuado arqueo y el importe resultante es de 3.115,80 euros.

La diferencia de arqueo es por tanto de:

Importe según arqueo	**3.115,80 euros**
Saldo contable	**(3.118,50) euros**
Diferencia negativa	**(2,70) euros**

La anotación contable será:

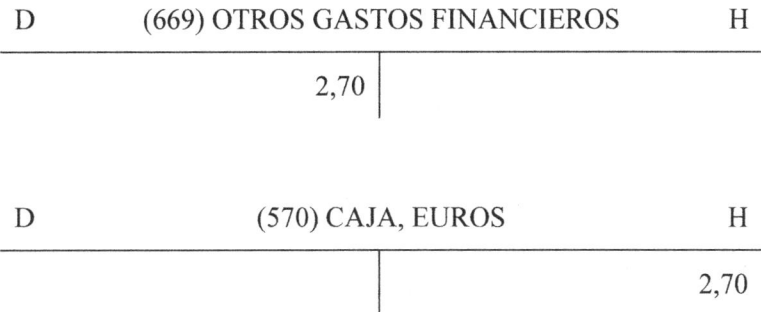

D	(669) OTROS GASTOS FINANCIEROS	H
2,70		

D	(570) CAJA, EUROS	H
		2,70

La cuenta **(669)** de pérdidas se incluirá, al final del año en la cuenta de pérdidas y ganancias.

Hay que advertir que al efectuarse el **arqueo de caja** es muy frecuente que en la misma **no está depositado únicamente dinero**. En la práctica es muy frecuente que también haya:

- **Cheques recibidos** que se han contabilizado como si el cobro se hubiese realizado en efectivo, pero que todavía están pendientes de llevar al banco para su cobro. Estos cheques están sustituyendo al dinero que debería estar depositado en la caja.

- **Sellos para franqueo y letras de cambio timbradas** que ha adquirido la empresa, pero que todavía no se han utilizado. Sustituyen al dinero salido de la caja para dichas adquisiciones.

- **Vales a justificar por empleados** de la empresa por diversos motivos. Se trata de entregas de efectivo realizadas por la empresa para atender pagos a efectuar por los empleados pero por cuenta de la empresa. **Estos vales están sustituyendo al dinero salido.**

9.4 CAJA, MONEDA EXTRANJERA

Dinero en caja de la empresa en monedas distintas al euro.

En las compras de moneda extranjera tienen que incluirse los gastos de adquisición (por ejemplo: comisiones bancarias) como mayor coste de las mismas.

Supongamos que en el banco Y se adquieren 1.200 dólares U.S.A. a un cambio de 1,27 dólares U.S.A. por euro. La comisión bancaria ha sido de 9,45 euros.

El coste de los dólares U.S.A. adquiridos es de:

1.200 / 1,27 = 944,88 euros.

944,88 + 9,45 = 954,33 euros.

La anotación contable será:

D	(571) CAJA, MONEDA EXTRANJERA	H
954,33		

D	(572) BANCOS	H
		954,33

Supongamos que se efectúa otra compra de 1.500 dólares U.S.A. a un cambio de 1,29 dólares U.S.A. por un euro, con una comisión bancaria de 11,62 euros.

El coste de los dólares U.S.A. adquiridos es de:

1.500 / 1,29 = 1.162,79 euros.

1.162,79 + 11,62 = 1.174,41 euros.

La anotación contable será:

D	(571) CAJA, MONEDA EXTRANJERA	H
1.174,41		

D	(572) BANCOS	H
		1.174,41

Si se efectúa algún pago con los dólares U.S.A. adquiridos la **salida tendrá que valorarse al coste medio**, que en este caso será:

	IMPORTE DÓLARES U.S.A.	IMPORTE EUROS
Primera compra	1.200	954,33
Segunda compra	<u>1.500</u>	<u>1.174,41</u>
	2.700	2.128,74

Coste medio de cada dólar U.S.A. = 2.128,74 / 2.700 = 0,7884 euros.

Supongamos que se han pagado 2.000 dólares U.S.A. a un abogado extranjero por un informe realizado para la empresa.

$$2.000 \times 0,7884 = 1.576,80 \text{ euros.}$$

La anotación contable será:

D	(623) SERVICIOS DE PROFESIONALES INDEPENDIENTES	H
1.576,80		

D	(571) CAJA, MONEDA EXTRANJERA	H
	1.576,80	

La cuenta **(623)** se llevará al final del año a la cuenta de pérdidas y ganancias.

Supongamos que la empresa no realiza más compras ni pagos de dólares U.S.A. durante lo que resta de año.

Al llegar a final de año la situación de los dólares U.S.A. será la siguiente:

	IMPORTE DÓLARES U.S.A.	IMPORTE EUROS
Primera compra	1.200	954,33
Segunda compra	1.500	1.174,41
Pago abogado	(2.000)	(1.576,80)
	700	551,94

A final del año la moneda extranjera en poder de la empresa debe valorarse al cambio de cierre, llevándose las diferencias a resultados (pérdidas o ganancias).

Supongamos que a 31 de diciembre el cambio es de 1,30 dólares U.S.A. por euro.

El valor de los dólares U.S.A. en poder de la empresa es de:

700 / 1,30 = 538,46 euros.

La diferencia de cambio es de:

Valor efectivo	**538,46 euros**
Saldo contable	**(551,94) euros**
Diferencia negativa	**(13,48) euros**

La anotación contable será:

D	(668) DIFERENCIAS NEGATIVAS DE CAMBIO	H
13,48		

D	(571) CAJA, MONEDA EXTRANJERA	H
		13,48

La cuenta **(668)** se llevará al final del año a la cuenta de pérdidas y ganancias.

9.5 BANCOS

El movimiento contable más habitual de las cuentas bancarias de disposición inmediata suele ser:

COBROS:

- **Ingresos por ventanilla.**

- **Cheques de terceros recibidos por la empresa.**

- **Transferencias bancarias recibidas.**

- **Abonos por descuento de efectos comerciales.**

- **Abonos por préstamos obtenidos.**

PAGOS:

- **Cheques emitidos por la empresa a favor de terceros.**

- **Órdenes de transferencias a terceros.**

- **Domiciliaciones pagadas.**

- **Cargos por préstamos obtenidos.**

Los cobros que suponen aumento del saldo en el banco se anotan en el debe (parte izquierda) de la cuenta **(572) BANCOS**, mientras que los pagos que suponen disminución del saldo se anotan en el haber (parte derecha de la cuenta).

Supongamos que en el banco Y se ha recibido una transferencia de 8.950 euros del cliente H.

La anotación contable será:

D	(572) BANCOS	H
8.950		

D	(430) CLIENTES	H
		8.950

Supongamos que el banco X ha cargado en cuenta un pago efectuado por 12.925 euros al proveedor K.

La anotación contable será:

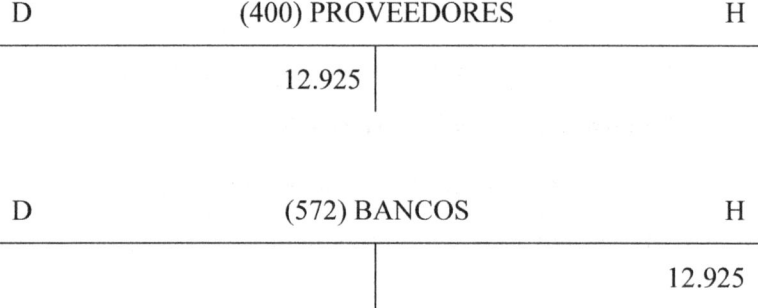

D	(400) PROVEEDORES	H
12.925		

D	(572) BANCOS	H
		12.925

En determinadas fechas el banco puede **abonar intereses a favor de la empresa** de acuerdo con los saldos mantenidos durante un determinado período de tiempo.

Supongamos que el banco Z abona en la cuenta de la empresa H intereses por importe de 118 euros.

La anotación contable será:

D	(572) BANCOS	H
118		

D	(769) OTROS INGRESOS FINANCIEROS	H
		118

La cuenta **(769)** se llevará al final del año a la cuenta de pérdidas y ganancias.

DEUDAS FINANCIERAS

10.1 DEUDAS CON LAS ENTIDADES DE CRÉDITO

Las **operaciones de crédito bancario** más frecuentes son:

- **Préstamos bancarios**.

- **Cuenta de crédito bancario**.

10.2 PRÉSTAMO BANCARIO

Los **préstamos bancarios** pueden adoptar distintas formas, entre las que cabe señalar las siguientes:

A) Según las garantías que respaldan la operación:

- Con garantía personal del prestatario y posibles avalistas.

- Con garantía real (destacando la garantía hipotecaria).

B) Según la forma de amortización o reembolso:

- Vencimiento único fijo por la totalidad del préstamo.

- Con reembolsos parciales periódicos.

C) Según la duración o plazo:

- A corto plazo (vencimiento máximo de un año).

- A largo plazo (vencimiento superior a un año).

D) Según el cómputo de intereses:

- Interés vencido (que es lo habitual).

- Interés anticipado.

E) Según la variabilidad del tipo de interés:

- Interés fijo.

- Interés variable.

El interés variable se forma partiendo de un tipo de referencia (normalmente el euribor) y sumándole un margen previamente fijado (*Spread*).

F) Según la moneda en que esté nominado:

- En euros.

- En moneda extranjera (lo más habitual en dólares U.S.A.).

En cuanto a la forma de amortización o reembolso cabe indicar que puede hacerse en distintas fechas (en períodos iguales o distintos), por importes de igual cuantía periódica o distinta. **Una forma muy usual es la de amortización por el método francés**. Con este método las cuotas periódicas a pagar son constantes.

Cada cuota, como es obvio, está formada por:

- **Intereses en función del préstamo vivo.**

- **Amortización parcial del principal del préstamo.**

Como resulta evidente la parte correspondiente a intereses va decreciendo con el tiempo mientras que la parte de amortización del principal va aumentando.

Aunque los préstamos tienen establecidos unos vencimientos para el reembolso, cabe la posibilidad de una **amortización anticipada** por parte del prestatario. En este caso, en algunas pólizas de préstamo se recoge la obligación de tener que pagarse una comisión por la amortización anticipada.

Los préstamos bancarios, de acuerdo con el Plan General de Contabilidad, se valoran inicialmente por la contraprestación recibida ajustada por los gastos de transacción que les sean directamente atribuibles.

Es decir: si se trata de un préstamo bancario de 24.000 euros, pero los gastos de formalización han sido de 192 euros, la empresa prestataria lo contabilizará por 23.808 euros y considerará los gastos por 192 euros como equivalente a intereses implícitos, que irán incorporándose a resultados de forma periódica durante la vida del préstamo.

Desde el punto de vista contable cabe distinguir:

- **Obtención del préstamo**.

- **Intereses**.

- **Amortización (devolución)**.

Supongamos que la empresa D ha obtenido un préstamo del banco Z por importe de 120.000 euros, siendo los gastos iniciales de 1.290 euros. La amortización se hará en tres años.

Para la contabilización se ha de tener en consideración:

- En la cuenta **(572) BANCOS** hay que anotar en el debe (parte izquierda de la cuenta) el aumento experimentado en el saldo a favor de la empresa por importe de:

Préstamo	**120.000 euros**
Gastos iniciales	**(1.290) euros**
	118.710 euros

- En el haber de la cuenta **(170) DEUDAS A LARGO PLAZO CON ENTIDADES DE CRÉDITO** hay que anotar un importe de 118.710 euros, ya que se trata de un aumento de deudas.

La anotación contable será:

D	(572) BANCOS	H
118.710		

D	(170) DEUDAS A LARGO PLAZO CON ENTIDADES DE CRÉDITO	H
		118.710

Supongamos que este préstamo bancario devenga intereses al 5 por 100 anual que hay que pagar trimestralmente. El pago de intereses del primer trimestre será, por tanto, de:

$$(120.000 \times 5) / 100 = 6.000 \text{ euros (anual).}$$

$$6.000 / 4 = 1.500 \text{ (trimestre).}$$

La anotación contable será:

D	(662) INTERESES DE DEUDAS	H
1.500		

D	(572) BANCOS	H
		1.500

La cuenta de gastos **(662)** se llevará al final del año a la cuenta de pérdidas y ganancias.

Supongamos que de acuerdo con las condiciones pactadas en el préstamo al final del primer año hay que amortizar (devolver) un importe de 20.000 euros.

La cuenta **(170) DEUDAS A LARGO PLAZO CON ENTIDADES DE CRÉDITO** tiene que disminuirse en un importe de 20.000 euros ya que la deuda con el banco ha sido amortizada (devuelta) por dicho importe. Como se trata de una disminución de una cuenta representativa de deudas la anotación tiene que hacerse en el debe de la cuenta.

La contabilización será:

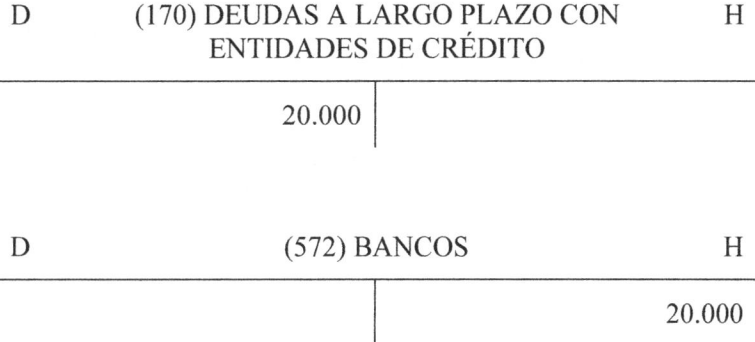

D	(170) DEUDAS A LARGO PLAZO CON ENTIDADES DE CRÉDITO	H
20.000		

D	(572) BANCOS	H
		20.000

10.3 CUENTA DE CRÉDITO BANCARIO

La **cuenta de crédito** se formaliza en una póliza suscrita entre el banco y el prestatario, con garantía real o personal.

La empresa puede utilizar esta cuenta de igual forma que una cuenta corriente dentro del **LÍMITE** concertado, sin perjuicio de que sean autorizadas posteriormente disposiciones por encima del mismo, en cuyo caso se dice que la cuenta está **sobregirada** o que existe **excedido de crédito**.

La cuenta de crédito presenta diferencias importantes frente al préstamo básicamente en dos puntos:

- La cuenta de crédito permite la disposición gradual de las cantidades necesarias en las cuantías que se desee, con el **LÍMITE** establecido. Mientras que el préstamo se dispone de una sola vez del mismo, aunque el prestatario no vaya a necesitarlo en su totalidad desde un principio.

- En la cuenta de crédito se pagan intereses por la cantidad dispuesta y en función del tiempo en que se ha dispuesto. Además cabe la posibilidad de poder hacer ingresos en la cuenta de crédito para rebajar el saldo dispuesto y así disminuir el pago de intereses. Por el contrario en el préstamo bancario se pagan intereses desde el momento inicial por la totalidad del mismo aunque no haya dispuesto por parte del prestatario.

Dadas las indudables ventajas de la cuenta de crédito respecto al préstamo, lo más habitual en el mundo empresarial es que el crédito bancario se instrumente en forma de cuenta de crédito con su LÍMITE correspondiente.

El reembolso de la cuenta de crédito se hará, como es obvio, por el importe del crédito dispuesto, que puede coincidir con el límite o ser por su cuantía inferior a este. Cabe también la posibilidad, como ya se ha indicado, de la autorización por parte del banco de exceder el límite concertado en la póliza, resultando la cuenta de crédito sobregirada.

El **coste** derivado de la cuenta de crédito está formado por:

-   **Intereses**.

-   **Comisión de apertura**.

-   **Comisión de disponibilidad**.

Los **intereses** los calcula el banco como en las cuentas corrientes pero aplica distinto tipo si se trata de saldos deudores normales o por excedido de crédito. En este último caso aplica un tipo de interés más alto.

Respecto a la **comisión de apertura** se paga en función del **LÍMITE** de la cuenta de crédito que se ha concertado, de una sola vez y al principio de la operación. Hay que advertir que en los gastos de formalización de la cuenta de crédito habrá que incluir también los honorarios del fedatario público que interviene la póliza.

La **comisión de disponibilidad**, que se liquida normalmente por trimestres como los intereses, está en función del saldo medio no dispuesto durante dicho intervalo.

Contablemente hay que distinguir:

-   **Obtención de la cuenta de crédito**.

-   **Disposición de la cuenta de crédito**.

-   **Intereses y comisiones**.

-   **Amortización (devolución)**.

Supongamos que la empresa H ha firmado una póliza de crédito con el banco X por un límite de 200.000 euros, con vencimiento a los 12 meses.

Como la firma de la póliza no supone la disposición del crédito, sino la obtención de un **LÍMITE** para poder disponer del mismo, no ha lugar a dcuda para la empresa. En consecuencia no hay que hacer ninguna anotación contable.

Los gastos de formalización (comisión bancaria de apertura, honorarios fedatarios públicos) se suelen cargar por parte del banco como disposición del **LÍMITE**, constituyendo deuda para la empresa. La anotación contable será suponiendo que los gastos totales hayan sido de 2.200 euros:

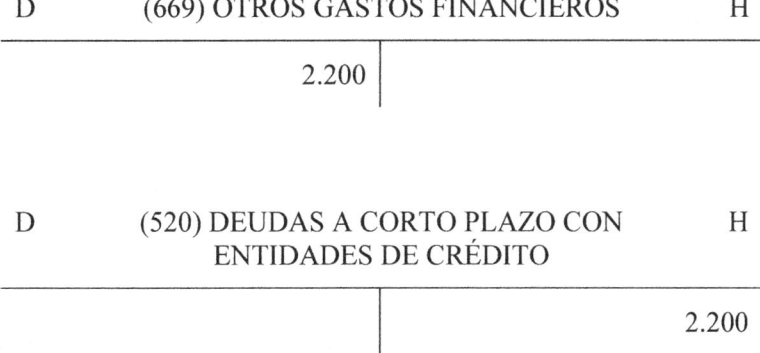

D	(669) OTROS GASTOS FINANCIEROS	H
2.200		

D	(520) DEUDAS A CORTO PLAZO CON ENTIDADES DE CRÉDITO	H
		2.200

Como puede observarse la deuda con el banco es a corto plazo (un año), mientras que en el ejemplo del préstamo del epígrafe anterior la deuda es a largo plazo al ser superior a un año.

Supongamos que la empresa dispone de la cuenta de crédito por un importe de 6.850 euros para pagar a un proveedor. La anotación contable será:

D	(400) PROVEEDORES	H
6.850		

D	(520) DEUDAS A CORTO PLAZO CON ENTIDADES DE CRÉDITO	H
		6.850

Como puede observarse cada disposición que la empresa hace de la cuenta de crédito aumenta, como es obvio, su deuda recogida en la cuenta **(520)**. Estas disposiciones, como ya se ha indicado, las puede realizar la empresa hasta el LÍMITE concedido en la póliza por el banco, salvo que este autorice un **EXCEDIDO** o **SOBREGIRO** por encima del mismo.

Lo más frecuente es que los intereses y comisiones de disposición las liquide el banco trimestralmente y la empresa tendrá que proceder a su pago.

Supongamos que los intereses liquidados por el banco al final del primer trimestre importan 945 euros y la comisión de disposición importa 42 euros. La anotación contable será:

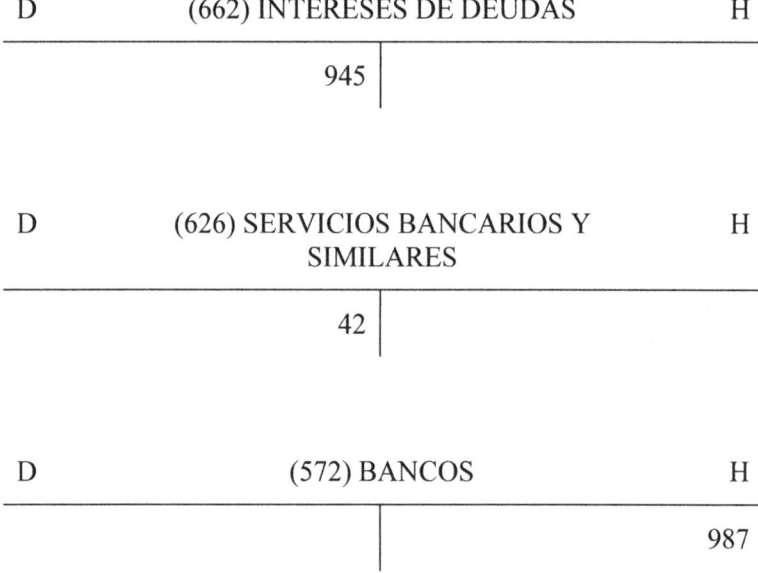

D	(662) INTERESES DE DEUDAS	H
945		

D	(626) SERVICIOS BANCARIOS Y SIMILARES	H
42		

D	(572) BANCOS	H
		987

Las cuentas **(662)** y **(626)** se llevarán al final del año a la cuenta de pérdidas y ganancias.

Al llegar a la fecha de vencimiento del crédito tiene que procederse a su amortización (devolución) por el saldo que la cuenta **(520) DEUDAS A CORTO PLAZO CON ENTIDADES DE CRÉDITO** tenga en ese momento.

Supongamos que a la fecha de vencimiento el saldo de la indicada cuenta es de 200.000 euros, ya que la empresa ha dispuesto de la totalidad del LÍMITE. La anotación contable será:

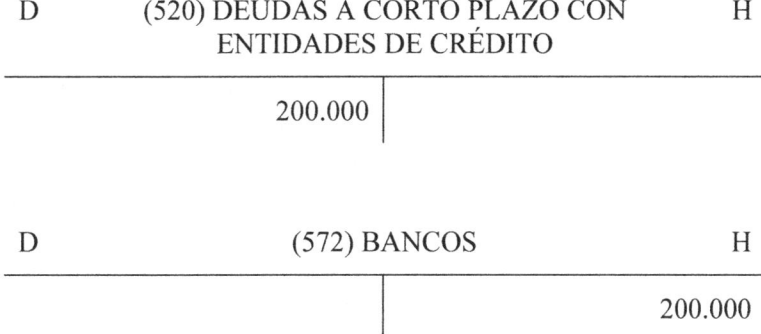

D	(520) DEUDAS A CORTO PLAZO CON ENTIDADES DE CRÉDITO	H
200.000		

D	(572) BANCOS	H
		200.000

Capítulo 11

PROVEEDORES Y OTROS ACREEDORES POR OPERACIONES DE TRÁFICO

11.1 ACREEDORES POR OPERACIONES DE TRÁFICO

Como ya se indicó al inicio del capítulo 8 las **OPERACIONES DE TRÁFICO son las que realiza la empresa en su actividad ordinaria de explotación**. Como consecuencia de estas operaciones se ponen de manifiesto obligaciones de pago para la empresa a favor de determinados acreedores.

Entre estos acreedores cabe señalar principalmente a los **PROVEEDORES** y a los **ACREEDORES POR PRESTACIÓN DE SERVICIOS**.

Otros acreedores pueden venir motivados por:

- **Remuneraciones pendientes de pago al personal de la empresa**.

- **Impuestos devengados pendientes de pago a la Hacienda Pública**.

- **Seguros sociales pendientes de pago**.

Al tratarse de obligaciones de pago cabe recordar que el aumento de las mismas se anota en el haber de la cuenta de que se trate, mientras que la disminución (normalmente por pago) se anota en el debe de la cuenta correspondiente.

11.2 CUENTAS DE PROVEEDORES

Cabe señalar las siguientes:

(400) PROVEEDORES.

(401) PROVEEDORES, EFECTOS COMERCIALES A PAGAR.

(407) ANTICIPOS A PROVEEDORES.

En la cuenta **(401) PROVEEDORES, EFECTOS COMERCIALES A PAGAR** se recogen las obligaciones de pago a los proveedores que están **materializadas en letras o pagarés** a cargo de la empresa.

En la cuenta **(407) ANTICIPOS A PROVEEDORES** se recogen las entregas de efectivo efectuadas a los proveedores a cuenta de futuros pedidos a realizar por la empresa. Como es obvio, cuando el proveedor sirve el pedido, resta en su factura el anticipo que recibió en su día y la empresa tendrá que pagar la diferencia.

11.3 CONTABILIZACIÓN DE LAS COMPRAS DE EXISTENCIAS

Las **compras** de existencias efectuadas por la empresa pueden ser:

-   **Al contado**.

-   **A crédito**.

11.3.1 Contabilización de la compra al contado

Supongamos que la empresa K ha comprado mercaderías por importe de 1.150 euros (sin IVA) que ha pagado al contado. Este pago ha sido por un importe total de:

Importe de la compra	1.150,00 euros
IVA: 21 por 100	241,50 euros
	1.391,50 euros

Para contabilizar se ha de tener presente:

- La cuenta **(600) COMPRAS DE MERCADERÍAS** recoge un gasto que disminuye el patrimonio de la empresa. La anotación tiene que hacerse, por tanto, en el debe de dicha cuenta por un importe de 1.150 euros.

- El IVA pagado al proveedor tiene que incluirse en la liquidación de dicho impuesto con Hacienda. Constituye un derecho de cobro ya que en dicha liquidación del impuesto se va a restar y recuperar el pago efectuado. La anotación contable se hará, por tanto, en el debe de la cuenta **(472) IVA SOPORTADO** al tratarse de un aumento de derechos de cobro, por importe de 241,50 euros.

- La cuenta **(570) CAJA, EUROS** ha disminuido en 1.391,50 euros como consecuencia del pago efectuado. Por tanto la anotación se hará en el haber (parte derecha de la cuenta) al tratarse de una disminución de bienes.

La anotación contable será:

D	(600) COMPRAS DE MERCADERÍAS	H
1.150,00		

D	(472) IVA SOPORTADO	H
241,50		

D	(570) CAJA, EUROS	H
		1.391,50

11.3.2 Contabilización de la compra a crédito

Supongamos que la empresa E ha comprado materias primas por un importe de 5.850 euros (sin IVA) al proveedor N. El pago se efectuará dentro de 30 días por un importe de:

Importe de la compra	5.850,00 euros
IVA: 21 por 100	1.228,50 euros
	7.078,50 euros

Para la contabilización ha de tenerse en consideración:

-   La obligación de pago al proveedor ha aumentado en 7.078,50 euros por lo que la anotación contable se hará en el haber (parte derecha) de la cuenta **(400) PROVEEDORES**.

-   La compra de materias primas que constituye un gasto que disminuye el patrimonio se anotará por un importe de 5.850,00 euros en el debe (parte izquierda) de la cuenta **(601) COMPRAS DE MATERIAS PRIMAS**.

-   El IVA soportado tendrá que liquidarse con Hacienda restándose para su recuperación por la empresa. Al tratarse de un derecho de cobro, se anotará en el debe de la cuenta **(472) IVA SOPORTADO** un importe de 1.228,50 euros.

La anotación contable será:

D	(601) COMPRAS DE MATERIAS PRIMAS	H
	5.850,00	

D	(472) IVA SOPORTADO	H
	1.228,50	

D	(400) PROVEEDORES	H
		7.078,50

Supongamos que la empresa E para el pago de su deuda al proveedor N ha entregado a este un pagaré por importe de 7.078,50 euros.

D	(400) PROVEEDORES	H
7.078,50		

D	(401) PROVEEDORES, EFECTOS COMERCIALES A PAGAR	H
		7.078,50

Con esta anotación contable la deuda con el proveedor se ha reclasificado pasando de la cuenta **(400)** a la **(401)**.

Supongamos que llegado el vencimiento del pagaré la empresa E procede a su pago:

D	(401) PROVEEDORES, EFECTOS COMERCIALES A PAGAR	H
7.078,50		

D	(572) BANCOS	H
		7.078,50

11.4 OPERACIONES RELACIONADAS CON LAS COMPRAS DE EXISTENCIAS

Respecto a las operaciones relacionadas con las **compras de existencias** cabe indicar:

- **Devoluciones de compras a proveedores.**

- **Descuentos efectuados por los proveedores en las compras**.

Los **descuentos** a favor de la empresa realizados por los proveedores pueden ser:

- **Descuentos comerciales incluidos en la factura del proveedor**.

- Descuentos efectuados por el proveedor en el momento del pago a este, por haberse anticipado al vencimiento establecido. **Se trata de un descuento POR PRONTO PAGO.**

- **Descuento comercial efectuado por el proveedor pero con posterioridad a la facturación de la compra** por alguna causa concreta (diferencia en los precios aplicados, entregas fuera de plazo, distintas calidades, etc.).

- **Descuento comercial por el volumen de pedidos** tenidos con el proveedor durante un intervalo de tiempo determinado (semestre, año). Este descuento o bonificación que realiza el proveedor se conoce como **RAPPEL**.

Cuando el descuento lo incluye el proveedor en su factura no procede contabilizarlo por separado. La compra se contabiliza por el importe neto. Es decir:

Importe bruto de la compra	**6.570,00 euros**
Descuento comercial: 10 por 100	**(657,00) euros**
Importe neto de la compra	**5.913,00 euros**
IVA: 21 por 100 sobre 5.913 euros	**1.241,73 euros**
	7.154,73 euros

La contabilización se hará de la forma habitual como cualquier otra compra, pero por el neto (véanse los epígrafes 3.1 y 3.2).

En el caso de devolución de compras al proveedor, se operará de la forma siguiente:

Importe de la compra devuelta al proveedor (sin IVA)	7.200 euros
IVA de la devolución: 21 por 100	1.512 euros
	8.712 euros

Como el proveedor incluyó, en su día, el IVA en su factura por la compra, en la devolución tiene que incluirse también el IVA.

Supongamos que se ha contabilizado la siguiente compra de mercaderías al proveedor N:

D	(600) COMPRAS DE MERCADERÍAS	H
8.110,00		

D	(472) IVA SOPORTADO	H
1.703,10		

D	(400) PROVEEDORES	H
		9.813,10

Se devuelve esta compra de mercaderías al proveedor en su mitad.

Para contabilizar esta devolución de mercaderías al proveedor N, tenemos:

- Al proveedor que tiene anotado en el haber de su cuenta un importe de 9.813,10 euros, hay que hacerle una anotación en el debe de su cuenta por la mitad de dicho importe y así rebajar la deuda que la empresa tenía. Al proveedor ya solo habrá que pagarle la mitad, es decir, un importe de 4.906,55 euros.

-   En la cuenta **IVA SOPORTADO** que tiene anotado en su debe un importe de 1.703,10 euros por la compra anterior, hay que efectuar una anotación en el haber por la mitad de dicho importe y así rebajar el **IVA SOPORTADO** a restar en la liquidación con Hacienda. Por tanto, el importe a restar en la liquidación con Hacienda será de 851,55 euros.

-   El importe de la compra por 8.110 euros hay que rebajarlo a la mitad, como consecuencia de la devolución de mercaderías efectuada al proveedor. Para ello se anota un importe de 4.055 euros en el haber de la cuenta **(608) DEVOLUCIÓN DE COMPRAS**.

La anotación contable será:

D	(400) PROVEEDORES	H
4.906,55		

D	(472) IVA SOPORTADO	H
		851,55

D	(608) DEVOLUCIÓN DE COMPRAS	H
		4.055,00

Si contemplamos conjuntamente las dos anotaciones contables (la compra y la devolución parcial de la compra), tenemos:

D	(600) COMPRAS MERCADERÍAS	H
8.110,00		

D	(472) IVA SOPORTADO	H
1.703,10		851,55

D	(400) PROVEEDORES	H
4.906,55		9.813,10

D	(608) DEVOLUCIÓN COMPRAS	H
		4.055,00

Al final del año se llevará a la cuenta de pérdidas y ganancias:

(600)	**COMPRAS**	**8.110,00 euros**
(608)	**DEVOLUCIÓN COMPRAS**	**(4.055,00) euros**
		4.055,00 euros

En el caso de descuentos fuera de factura inicial, se operará de la forma siguiente, suponiendo que se trata de una bonificación por consumo (rappel) correspondiente a las compras efectuadas al proveedor B durante el primer semestre del año:

Importe del rappel	2.850,00 euros
IVA: 21 por 100	598,50 euros
	3.448,50 euros

El rappel supone un descuento que efectúa el proveedor B con posterioridad a la facturación de los pedidos servidos a la empresa. Como al proveedor se le ha pagado con IVA incluido, hay que incluir también el IVA en la bonificación por consumo (rappel).

El importe del rappel por el citado importe de 3.448,50 euros lo paga el proveedor mediante transferencia bancaria que recibe la empresa.

Para la contabilización deberá tenerse en consideración:

- En la cuenta **(572) BANCOS** se anotará en su debe el importe de 3.448,50 euros por la transferencia recibida del proveedor, ya que supone un aumento de bienes.

- En la cuenta **(472) IVA SOPORTADO** la anotación se hará por 598,50 euros, en el haber. De esta forma se anula el **IVA SOPORTADO** anotado en el debe cuando se contabilizaron las compras respecto a las cuales se ha recibido el rappel del proveedor.

- El importe del rappel (sin IVA) se anotará en el haber de la cuenta **(609) RAPPELS SOBRE COMPRAS**.

La anotación contable será:

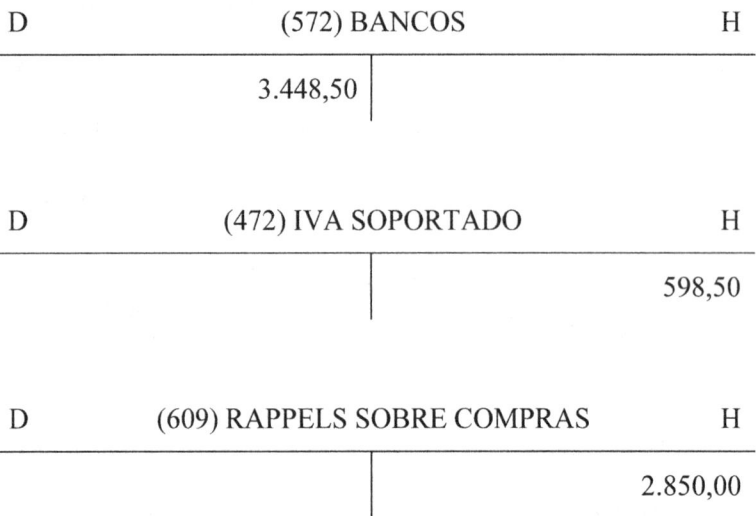

D	(572) BANCOS	H
3.448,50		

D	(472) IVA SOPORTADO	H
		598,50

D	(609) RAPPELS SOBRE COMPRAS	H
		2.850,00

Como puede observarse después de esta anotación contable la cuenta **(609) RAPPELS SOBRE COMPRAS** queda abierta en el haber por un importe de 2.850 euros. Esta cuenta está compensando las compras por dicho importe contabilizadas, en su día, en la cuenta **(600) COMPRAS DE MERCADERÍAS**, en su debe, ya que dichas compras han quedado disminuidas por el rappel recibido del proveedor.

11.5 PAGO A PROVEEDORES

Las deudas con los proveedores se pueden pagar:

- **Por caja**.

- **Por cheque bancario**.

- **Por transferencia bancaria**.

- **Por tarjeta de crédito**.

Supongamos que al proveedor B se le adeudan 325 euros que se pagan en efectivo:

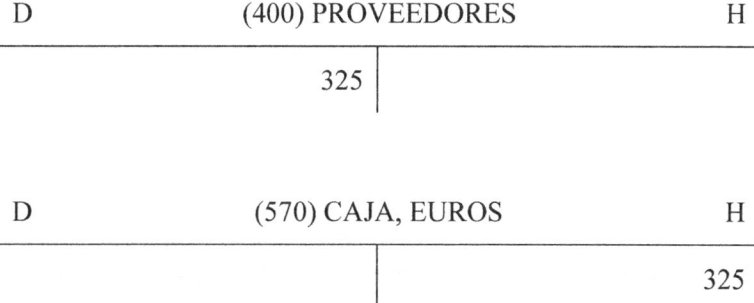

Supongamos que al proveedor F al que se adeuda 302 euros se le paga mediante tarjeta de crédito de la empresa:

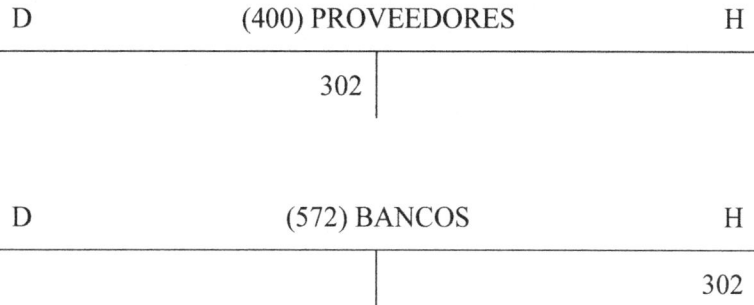

Para el pago a proveedores es bastante frecuente recoger las deudas con los mismos en letras de cambio o pagarés. En este caso la obligación del pago se recoge en la cuenta **(401) PROVEEDORES, EFECTOS COMERCIALES A PAGAR**.

Suponemos que al proveedor M al que la empresa adeuda 9.850 euros se le envía un pagaré por dicho importe con vencimiento determinado. La anotación contable será:

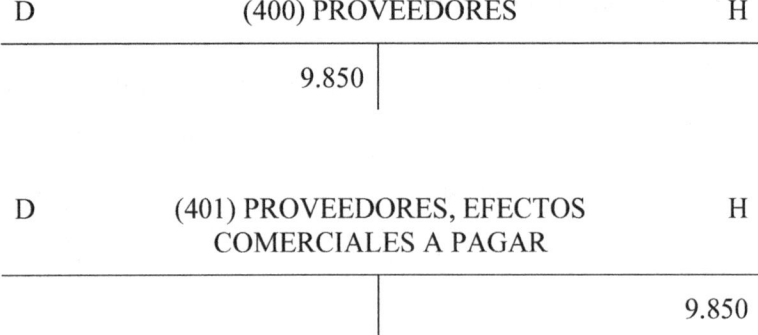

Como puede observarse se ha efectuado un traspaso de la cuenta **(400)** a la **(401)**. A este traspaso se le llama **RECLASIFICACIÓN**. Después de esta anotación contable es evidente que la deuda con el proveedor se recoge ahora en la cuenta **(401) PROVEEDORES, EFECTOS COMERCIALES A PAGAR**.

Al hacer frente la empresa al pagaré en su vencimiento se hará:

D	(401) PROVEEDORES, EFECTOS COMERCIALES A PAGAR	H
9.850		

D	(572) BANCOS	H
		9.850

11.6 ACREEDORES POR PRESTACIÓN DE SERVICIOS

La empresa además de comprar existencias también puede **adquirir servicios**, tales como:

- Suministro de electricidad.

- Suministro de agua.

- Suministro de gas.

- Servicios telefónicos.

- Reparaciones.

- Publicidad.

- Asesoramientos profesionales.

- Etc.

Las deudas con los proveedores o suministradores de estos servicios se recogen en **(410) ACREEDORES POR PRESTACIÓN DE SERVICIOS**.

11.7 CUENTAS DE ACREEDORES POR PRESTACIÓN DE SERVICIOS

Cabe señalar las siguientes:

(410)   ACREEDORES POR PRESTACIÓN DE SERVICIOS.

(411)   ACREEDORES, EFECTOS COMERCIALES A PAGAR.

En la cuenta **(411)** se recogen las deudas recogidas en letras de cambio o pagarés.

11.8 CONTABILIZACIÓN DE LA ADQUISICIÓN DE SERVICIOS

Supongamos que como consecuencia de la reparación de una máquina se ha recibido factura con el siguiente detalle:

Importe de la reparación	425,00 euros
IVA: 21 por 100	89,25 euros
	514,25 euros

La anotación contable será:

D	(622) REPARACIONES Y CONSERVACIÓN	H
425,00		

D	(472) IVA SOPORTADO	H
89,25		

D	(410) ACREEDORES POR PRESTACIÓN DE SERVICIOS	H
		514,25

La cuenta de gastos **(622)** se llevará al final del año a la cuenta de pérdidas y ganancias.

11.9 PAGO A ACREEDORES POR PRESTACIÓN DE SERVICIOS

La casuística contable del pago a acreedores por prestación de servicios es similar a la del pago a proveedores de existencias (véase el epígrafe 5).

11.10 OTROS ACREEDORES POR OPERACIONES DE TRÁFICO

Además de **PROVEEDORES** y de **ACREEDORES POR PRESTACIÓN DE SERVICIOS** puede haber **OTROS ACREEDORES** por operaciones de tráfico. Entre ellos hay que señalar:

- **Personal de la empresa**.

- **Administraciones Públicas** (estatal, autonómica, local, seguridad social).

- **Otros acreedores**.

Respecto al **PERSONAL DE LA EMPRESA** las deudas suelen venir motivadas por remuneraciones pendientes de pago que se recogen en la cuenta **(465)**.

En cuanto a las **ADMINISTRACIONES PÚBLICAS** cabe señalar:

- Obligaciones de pago con la **HACIENDA PÚBLICA** por IVA.

- Obligaciones de pago con la **HACIENDA PÚBLICA** por Impuesto de Sociedades.

- Retenciones por impuestos realizadas por la empresa al efectuarse el pago de remuneraciones al personal. Estas retenciones tienen que ingresarse en **HACIENDA** trimestralmente.

- Deudas con **HACIENDA** por subvenciones oficiales recibidas, en su día, que procede reintegrar por incumplimiento de las condiciones de concesión de las mismas.

- Seguros sociales pendientes de ingreso en la Tesorería de la Seguridad Social, tanto retenidos al personal como por cuota patronal.

Las deudas con **HACIENDA** se recogen en la cuenta **(475) HACIENDA PÚBLICA, ACREEDORA POR CONCEPTOS FISCALES** y las deudas con la **SEGURIDAD SOCIAL** en la cuenta **(476) ORGANISMOS DE LA SEGURIDAD SOCIAL, ACREEDORES**.

Se recuerda al lector que todos los aumentos de las cuentas que recogen deudas por operaciones de tráfico se anotan contablemente en el **HABER** (parte derecha de la cuenta), mientras que las disminuciones se anotan en el **DEBE** (parte izquierda de la cuenta).

Capítulo 12

FONDOS PROPIOS

12.1 CONCEPTO DE FONDOS PROPIOS

Se entiende por **FONDOS PROPIOS** la financiación aportada por el propietario o socios de la empresa.

Los **FONDOS PROPIOS** están formados por:

- Aportaciones directas de capital.

- Beneficios obtenidos por la empresa, que corresponden al propietario o socios, pero que estos no retiran, permaneciendo en la empresa. Se conocen con la denominación de **RESERVAS**.

12.2 APORTACIONES DE CAPITAL

Las **aportaciones de capital** se pueden hacer:

- En el momento constitutivo de la empresa.

- En posteriores ampliaciones de capital.

12.2.1 Aportación de capital en el momento constitutivo de la empresa

Las **aportaciones de capital** pueden ser:

- **Dinerarias**.

- **No dinerarias (en especie)**.

Supongamos que se constituye una sociedad anónima con un capital social de 1.000.000 de euros, con aportaciones dinerarias, que se efectúan en el propio acto constitutivo en su totalidad.

La anotación contable será:

D	(572) BANCOS	H
1.000.000		

D	(100) CAPITAL SOCIAL	H
		1.000.000

Pero, en el caso de la sociedad anónima (que es la forma societaria más frecuente), la normativa legal establece que el capital social tiene que desembolsarse, al menos en su 25 por 100, en el acto fundacional. Por tanto, puede quedar capital social a desembolsar con posterioridad, de una sola vez o en varias entregas. Al capital social suscrito pendiente de desembolsar se le denomina **DIVIDENDOS PASIVOS**.

Supongamos que se constituye una sociedad anónima con un capital social de 1.000.000 de euros, que se desembolsó en su 25 por 100 en el acto fundacional, quedando el resto pendiente de desembolso cuando lo solicite el Consejo de Administración de la sociedad.

La anotación contable será:

D	(572) BANCOS	H
250.000		

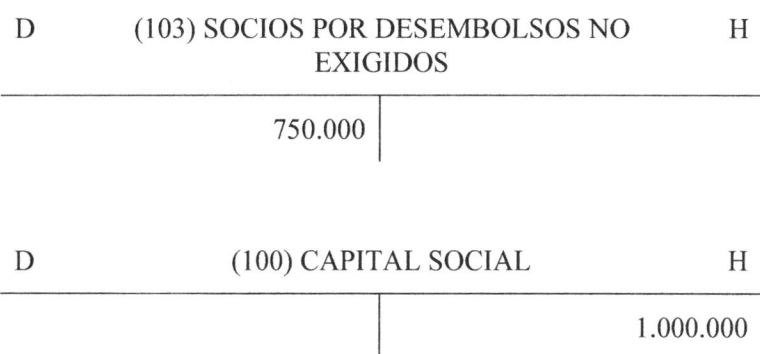

D   (103) SOCIOS POR DESEMBOLSOS NO   H
                              EXIGIDOS
_____

                    750.000 |

D   (100) CAPITAL SOCIAL   H
_____

                                  | 1.000.000

Como puede observarse en la cuenta **(103) SOCIOS POR DESEMBOLSOS NO EXIGIDOS** se recoge el **derecho de cobro que tiene la sociedad contra sus accionistas por el capital social pendiente de desembolso por los mismos, pero que todavía no ha solicitado el Consejo de Administración**.

Supongamos que transcurridos 6 meses desde la constitución de la sociedad el Consejo de Administración solicita el desembolso (dividendo pasivo) del 50 por 100 del capital social.

La anotación contable será:

D   (558) SOCIOS POR DESEMBOLSOS   H
                              EXIGIDOS
_____

                    500.000 |

D   (103) SOCIOS POR DESEMBOLSOS NO   H
                              EXIGIDOS
_____

                                  | 500.000

Como puede observarse con este traspaso contable el derecho de cobro de la sociedad contra sus accionistas se recoge en la cuenta **(558) DESEMBOLSOS EXIGIDOS** en vez de en la cuenta **(103) DESEMBOLSOS NO EXIGIDOS**.

Supongamos que todos los accionistas han desembolsado el dividendo pasivo solicitado.

La anotación contable será:

D	(572) BANCOS	H
500.000		

D	(558) SOCIOS POR DESEMBOLSOS EXIGIDOS	H
		500.000

Después de esta anotación contable la cuenta **(558) SOCIOS POR DESEMBOLSOS EXIGIDOS** queda a cero.

Como ya se ha indicado la aportación de capital puede ser también **no dineraria (en especie)**.

Supongamos que se constituye una sociedad anónima con un capital social de 2.000.000 de euros que, en el acto constitutivo, se aporta de la forma siguiente:

En dinero	**500.000 euros**
Maquinaria	**800.000 euros**
Mobiliario	**50.000 euros**
Elementos de transporte	**650.000 euros**

La anotación contable será:

D	(572) BANCOS	H
500.000		

D	(213) MAQUINARIA	H
800.000		

D	(216) MOBILIARIO	H
50.000		

D	(218) ELEMENTOS DE TRANSPORTE	H
650.000		

D	(100) CAPITAL SOCIAL	H
		2.000.000

12.2.2 Ampliaciones de capital

Con posterioridad a la constitución de la empresa se puede ampliar el capital de esta.

Supongamos que la sociedad anónima H amplía su capital social en 200.000 euros, con desembolso dinerario total por parte de los accionistas.

La anotación contable será igual que para el caso de constitución de la sociedad, es decir:

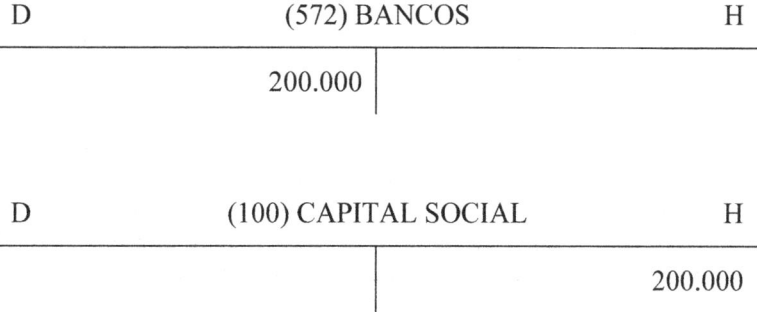

D	(572) BANCOS	H
200.000		

D	(100) CAPITAL SOCIAL	H
		200.000

En la ampliación de capital en las sociedades anónimas, también puede quedar una parte para desembolsar con posterioridad (dividendos pasivos). Lo mismo que en la constitución, el desembolso mínimo de capital social tiene que ser del 25 por 100. La contabilización es la misma para el caso de constitución o ampliación.

En las **ampliaciones de capital** en las sociedades anónimas se puede solicitar a los accionistas que además del nominal del capital social suscrito, desembolsen una cantidad adicional en concepto de **PRIMA DE EMISIÓN**.

Supongamos que la sociedad anónima F amplía su capital social por un nominal de 500.000 euros con una prima de emisión del 20 por 100 de dicho nominal. El desembolso es dinerario por el importe de:

Nominal suscrito	500.000 euros
Prima de emisión	100.000 euros
	600.000 euros

La anotación contable será:

D	(572) BANCOS	H
600.000		

D	(100) CAPITAL SOCIAL	H
		500.000

D	(110) PRIMA DE EMISIÓN	H
		100.000

La PRIMA DE EMISIÓN contablemente se considera RESERVAS.

Desde el punto de vista financiero la PRIMA DE EMISIÓN y el CAPITAL SOCIAL son equivalentes, pues constituyen aportaciones efectuadas por los accionistas. Se trata de **FONDOS PROPIOS**.

Sin embargo desde el punto de vista legal hay que tener presente:

- **El reparto de beneficios (dividendos activos) se efectúa en proporción al CAPITAL SOCIAL DESEMBOLSADO correspondiente a cada accionista. No se toma en consideración la PRIMA DE EMISIÓN.**

- **En el caso de liquidación de la sociedad el haber social resultante se reparte entre los accionistas en proporción al CAPITAL SOCIAL DESEMBOLSADO correspondiente a cada uno de ellos.**

12.3 RESERVAS

Los orígenes principales de la constitución de **RESERVAS** son:

- **Las aportaciones de los socios en la emisión de acciones por encima del nominal (PRIMA DE EMISIÓN), tal como se ha indicado en el epígrafe anterior.**

- **Los beneficios obtenidos por la empresa que no son objeto de reparto entre los socios. Quedan, por tanto, retenidas dentro del ámbito de la empresa y se pueden utilizar en sus operaciones.**

Las **RESERVAS** por beneficios retenidos pueden clasificarse contablemente en las siguientes cuentas:

(112)   RESERVA LEGAL.

(113)   RESERVAS VOLUNTARIAS.

(114)   RESERVAS ESTATUTARIAS.

Estas **RESERVAS** se dotan al distribuirse el beneficio del año.

En la cuenta **(112) RESERVA LEGAL** se recoge la dotación establecida en el Texto Refundido de la Ley de Sociedades de Capital, que establece una **dotación de al menos el 10 por 100 de los beneficios del año, hasta que se alcance una reserva total del 20 por 100 del capital social.**

En la cuenta **(114) RESERVAS ESTATUTARIAS** se recoge la dotación anual establecida en los estatutos de la sociedad.

En la cuenta **(113) RESERVAS VOLUNTARIAS** se recoge la dotación anual que acuerden voluntariamente los socios.

Supongamos que la sociedad anónima G acuerda la siguiente distribución del beneficio del año 2013, que ha sido de 180.500 euros:

Reserva legal	18.050 euros
Reserva estatutaria	36.100 euros
Dividendos a los accionistas	110.000 euros
Reserva voluntaria	16.000 euros
Remanente	350 euros
	180.500 euros

Este beneficio está recogido a final del año en la cuenta **(129) RESULTADO DEL EJERCICIO**. Como se trata de beneficio (aumento de patrimonio) la cuenta **(129)** tiene su anotación en el haber (parte derecha de la cuenta). Si hubiese sido pérdida la anotación al ser disminución de patrimonio estaría en el debe (parte izquierda de la cuenta).

La anotación contable será la siguiente:

D	(129) RESULTADO DEL EJERCICIO	H
180.500		

D	(112) RESERVA LEGAL	H
		18.050

D	(114) RESERVAS ESTATUTARIAS	H
		36.100

D	(526) DIVIDENDO ACTIVO A PAGAR	H
		110.000

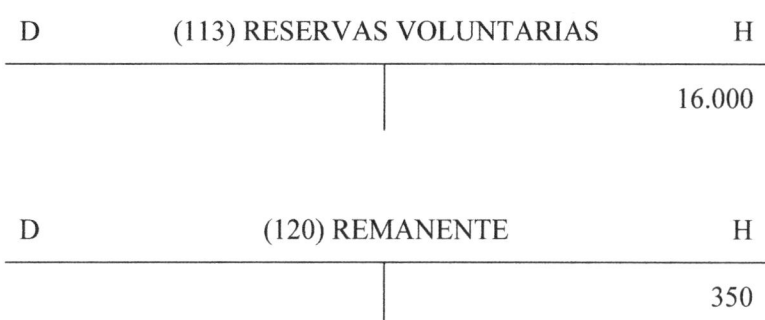

D	(113) RESERVAS VOLUNTARIAS	H
		16.000

D	(120) REMANENTE	H
		350

Después de esta anotación contable la cuenta **(129) RESULTADO DEL EJERCICIO** queda a cero y las distintas cuentas de **RESERVAS** quedan incrementadas en las dotaciones anuales efectuadas. En la cuenta **(526) DIVIDENDOS ACTIVOS A PAGAR** se recoge la deuda con los socios. Cuando se pague a los socios los dividendos se hará:

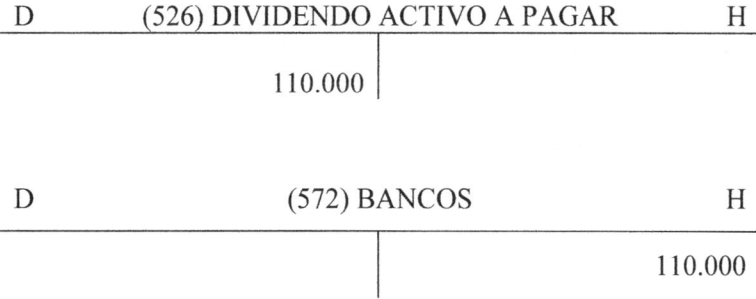

D	(526) DIVIDENDO ACTIVO A PAGAR	H
110.000		

D	(572) BANCOS	H
		110.000

Con esta anotación la cuenta **(526) DIVIDENDOS ACTIVOS A PAGAR** queda a cero.

Capítulo 13

GASTOS

13.1 CLASIFICACIÓN CONTABLE DE LOS GASTOS

Los **gastos** se clasifican contablemente en:

- **SERVICIOS EXTERIORES**.

- **TRIBUTOS**.

- **GASTOS DE PERSONAL**.

- **OTROS GASTOS DE GESTIÓN**.

- **GASTOS FINANCIEROS**.

- **PÉRDIDAS PROCEDENTES DE ACTIVOS NO CORRIENTES Y GASTOS EXCEPCIONALES**.

- **DOTACIONES PARA AMORTIZACIONES**.

- **PÉRDIDAS POR DETERIORO**.

Como los **GASTOS** constituyen disminuciones del patrimonio de la empresa se anotan contablemente en el debe (parte izquierda de la cuenta de que se trate).

Hay que advertir que todas las cuentas de gastos llevan código que empieza por el dígito **6**.

Todas las cuentas de gastos se llevan a final del año a la cuenta de pérdidas y ganancias.

13.2 SERVICIOS EXTERIORES

Cabe señalar las siguientes cuentas:

(621) ARRENDAMIENTOS Y CÁNONES.

(622) REPARACIONES Y CONSERVACIÓN.

(623) SERVICIOS DE PROFESIONALES INDEPENDIENTES.

(624) TRANSPORTES.

(625) PRIMAS DE SEGURO.

(626) SERVICIOS BANCARIOS Y SIMILARES.

(627) PUBLICIDAD,   PROPAGANDA   Y   RELACIONES PÚBLICAS.

(628) SUMINISTROS.

(629) OTROS SERVICIOS.

13.2.1 Arrendamientos y cánones

Los gastos por arrendamientos son los originados por el alquiler de bienes muebles (maquinaria, vehículos, etc.) e inmuebles.

Supongamos que la empresa tiene alquilado un local comercial que utiliza de almacén. Se paga el alquiler del mes de febrero por un importe de 600 euros (sin IVA).

La anotación contable será:

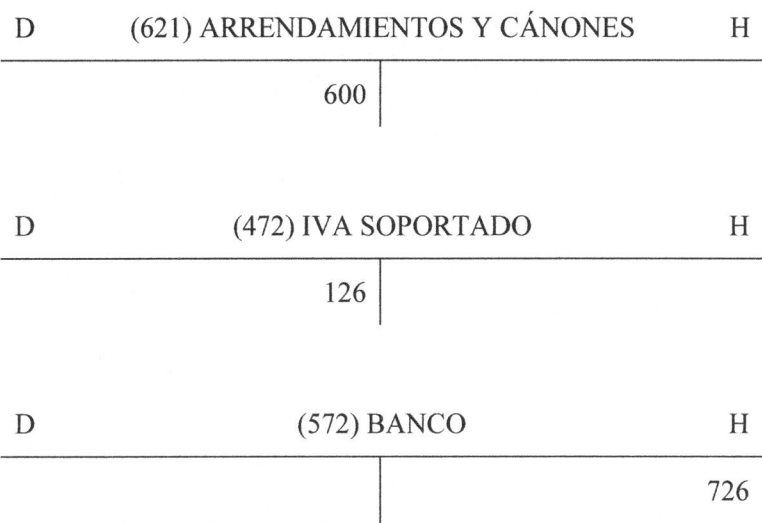

D	(621) ARRENDAMIENTOS Y CÁNONES	H
600		

D	(472) IVA SOPORTADO	H
126		

D	(572) BANCO	H
		726

Los cánones son las cantidades fijas o variables que satisface la empresa por el derecho al uso de las distintas manifestaciones de la propiedad industrial, como, por ejemplo, *royalties* por utilización de patentes.

La anotación contable es la misma que para el caso de arrendamientos.

13.2.2 Reparaciones y conservación

Se entiende por reparación el proceso por el que se vuelve a poner en condiciones de funcionamiento un elemento del inmovilizado material (maquinaria, vehículos, equipos de oficina, etc.).

La conservación tiene por objeto mantener el elemento en buenas condiciones de funcionamiento.

Supongamos que se ha recibido una factura por el servicio de reparación de un camión propiedad de la empresa con el siguiente detalle:

Servicio de reparación	550,00 euros
IVA: 21 por 100	115,50 euros
	665,50 euros

La anotación contable será:

D	(622) REPARACIONES Y CONSERVACIÓN	H
550,00		

D	(472) IVA SOPORTADO	H
115,50		

D	(410) ACREEDORES POR PRESTACIÓN DE SERVICIOS	H
		665,50

Cuando se pague se hará:

D	(410) ACREEDORES POR PRESTACIÓN DE SERVICIOS	H
665,50		

D	(572) BANCOS	H
		665,50

13.2.3 Servicios de profesionales independientes

Se trata de los servicios prestados a la empresa por profesionales. Comprende los honorarios de economistas, abogados, auditores, notarios, etc., así como las comisiones de agentes mediadores independientes.

Supongamos que se pagan honorarios del asesor jurídico externo con el siguiente detalle:

Importe de los honorarios	**900 euros**
IVA: 21 por 100	<u>**189 euros**</u>
	1.089 euros
Retención de impuestos: 21 por 100	<u>**(189) euros**</u>
	<u>**900 euros**</u>

La anotación contable será:

D	(623) SERVICIOS DE PROFESIONALES INDEPENDIENTES	H
900		

D	(472) IVA SOPORTADO	H
189		

D	(4752) HACIENDA PÚBLICA, POR RETENCIONES PRACTICADAS	H
		189

D	(572) BANCOS	H
		900

En la cuenta **(4752) HACIENDA PÚBLICA, POR RETENCIONES PRACTICADAS** se recoge la deuda que tiene la empresa con Hacienda por la retención de impuestos efectuada al asesor jurídico. Esta retención (junto con otras retenciones de impuestos practicadas) se ingresa en Hacienda trimestralmente.

13.2.4 Transportes

Los **transportes** a cargo de la empresa realizados por terceros reciben **distinto tratamiento contable**. En este sentido cabe distinguir:

- **Transportes** relacionados con las **compras de existencias**, que se consideran mayor importe de la compra correspondiente.

- Transportes relacionados con la adquisición de elementos del inmovilizado material, que se consideran mayor importe de la adquisición de que se trate.

- Transportes del personal de la empresa, que se recoge en la cuenta **(629) OTROS SERVICIOS**.

El resto de transportes se recogen en la cuenta **(624) TRANSPORTES**. A título indicativo cabe señalar:

- **Transportes relacionados con las ventas y distribución**.

- **Transportes entre distintos centros de la empresa**.

- **Transportes esporádicos (mudanzas)**.

Supongamos que se paga un importe de 670 euros (sin IVA) por transporte de mercaderías compradas en Francia.

La anotación contable será:

D	(600) COMPRAS DE MERCADERÍAS	H
670,00		

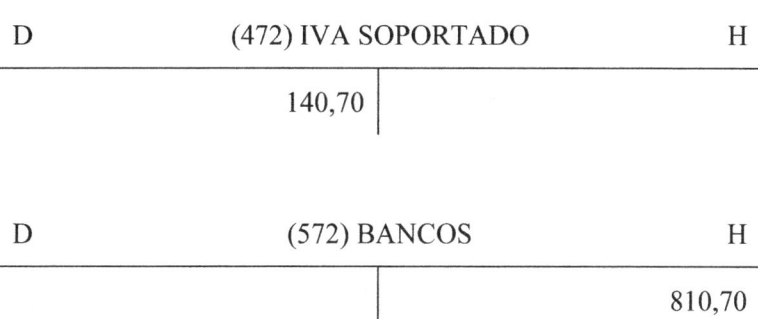

D	(472) IVA SOPORTADO	H
140,70		

D	(572) BANCOS	H
		810,70

Como puede observarse el coste del transporte se considera como mayor importe de las compras de mercaderías.

Supongamos que se paga 475 euros (sin IVA) al transportista por una mudanza.

La anotación contable será:

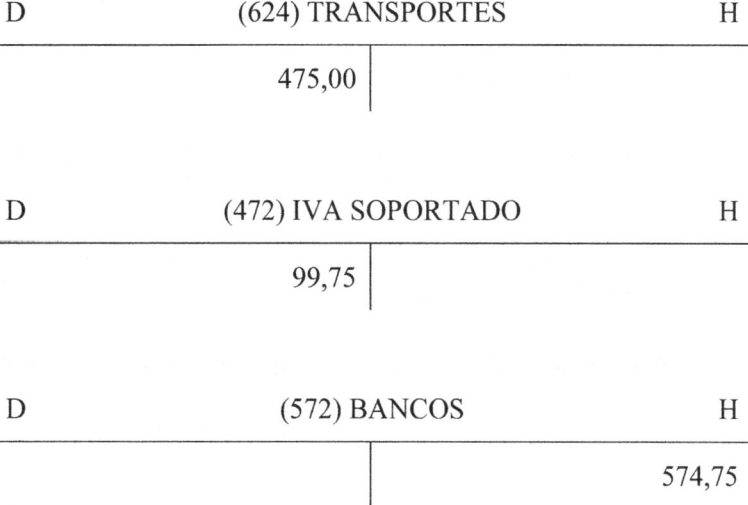

D	(624) TRANSPORTES	H
475,00		

D	(472) IVA SOPORTADO	H
99,75		

D	(572) BANCOS	H
		574,75

13.2.5 Primas de seguro

Cantidades satisfechas en concepto de seguro en distintas modalidades, excepto las que se refieren a la Seguridad Social del personal de la empresa.

Supongamos que paga un importe de 1.521 euros por seguro de incendios de maquinaria.

La anotación contable será:

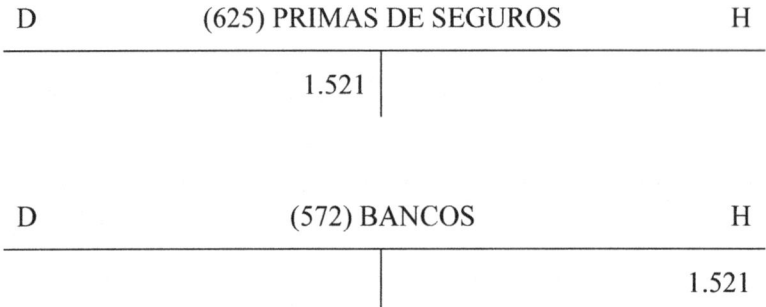

D	(625) PRIMAS DE SEGUROS	H
1.521		

D	(572) BANCOS	H
		1.521

Como puede observarse el seguro no está gravado por el IVA.

13.2.6 Servicios bancarios y similares

Cantidades satisfechas en concepto de comisiones y gastos bancarios. Cabe señalar:

- **Comisiones y gastos relacionados con operaciones activas (descuento de efectos).**

- **Comisiones y gastos relacionados con operaciones pasivas (descubiertos bancarios).**

- **Comisiones por operaciones de movimiento de fondos (remesas, giros, transferencias).**

- **Comisiones de intermediación bancaria relacionadas con inversiones financieras llevadas a cabo por la empresa (compras de acciones, suscripción de deuda pública).**

- **Comisiones por servicios bancarios diversos (custodia de valores, cajas fuertes).**

Supongamos que se efectúa una transferencia bancaria por importe de 15.650 euros para pagar a un proveedor. La comisión bancaria ha sido 20 euros.

La anotación contable será:

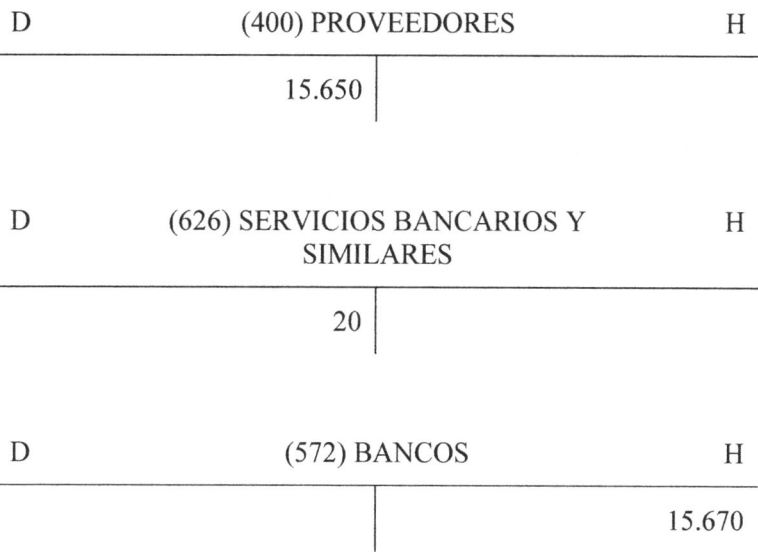

D   (400) PROVEEDORES   H

15.650

D   (626) SERVICIOS BANCARIOS Y   H
                                      SIMILARES

20

D   (572) BANCOS   H

15.670

13.2.7 Publicidad, propaganda y relaciones públicas

Importe de los gastos satisfechos por la empresa por estos conceptos.

Supongamos que de la Agencia de publicidad X se recibe una factura por publicidad institucional con el siguiente detalle:

Publicidad en prensa	**4.150,00 euros**
Publicidad en radio	**3.100,00 euros**
	7.250,00 euros
IVA: 21 por 100	**1.522,50 euros**
	8.772,50 euros

La anotación contable será:

D   (627) PUBLICIDAD PROPAGANDA Y   H
                          RELACIONES PÚBLICAS

7.250,00

D	(472) IVA SOPORTADO	H
1.522,50		

D	(410) ACREEDORES POR PRESTACIÓN DE SERVICIOS	H
		8.772,50

13.2.8 Suministros

Se trata de abastecimientos, tales como: electricidad, gas, agua, etc.

Supongamos que el banco Y carga en cuenta a la empresa un importe de 1.050,20 euros por suministro de energía eléctrica del mes de noviembre. En el cargo bancario se incluye IVA por 160,20 euros.

La anotación será:

D	(628) SUMINISTROS	H
867,93		

D	(472) IVA SOPORTADO	H
182,27		

D	(572) BANCOS	H
		1.050,20

13.2.9 Otros servicios

Todos los servicios exteriores que no se recogen en alguna de las cuentas anteriores. **Entre ellos cabe señalar**: **gastos de viaje del personal de la empresa, gastos de oficina, etc.**

Supongamos que por gastos de correo postal se han pagado 62 euros.

La anotación contable será:

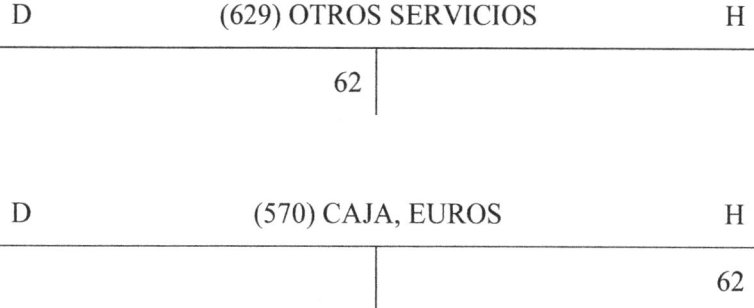

D	(629) OTROS SERVICIOS	H
62		

D	(570) CAJA, EUROS	H
		62

13.3 TRIBUTOS

Cabe señalar las siguientes cuentas:

(630)   IMPUESTO SOBRE BENEFICIOS.

(631)   OTROS TRIBUTOS.

(636)   DEVOLUCIÓN DE IMPUESTOS.

13.3.1 Impuesto sobre beneficios

Se trata del importe correspondiente al Impuesto de Sociedades (personas jurídicas) o del Impuesto sobre la Renta de las Personas Físicas (empresas individuales).

Respecto al Impuesto de Sociedades (que es el más frecuente) véase el epígrafe 15.2.

13.3.2 Otros tributos

Entre **otros tributos** cabe señalar:

- **Impuesto sobre bienes inmuebles (IBI)**.

- **Impuesto de actividades económicas (IAE)**.

- **Impuesto sobre vehículos de tracción mecánica (impuesto de circulación)**.

- **Otros tributos locales**.

Supongamos que por domiciliación bancaria se paga el IBI de los edificios propiedad de la empresa, correspondiente al año 2013, por un importe total de 2.578 euros.

La anotación contable será:

D	(631) OTROS TRIBUTOS	H
2.578		

D	(572) BANCOS	H
		2.578

13.3.3 Devolución de impuestos

Reintegros de impuestos cobrados por la empresa como consecuencia de pagos indebidamente realizados.

Supongamos que la empresa recibe una transferencia bancaria a su favor por importe de 478 euros procedente de la Hacienda Local por devolución de pagos indebidos por el Impuesto de Actividades Económicas.

La anotación contable será:

D	(572) BANCOS	H
478		

D	(636) DEVOLUCIÓN DE IMPUESTOS	H
		478

13.4 GASTOS DE PERSONAL

Cabe señalar las siguientes cuentas:

(640)   SUELDOS Y SALARIOS.

(641)   INDEMNIZACIONES.

(642)   SEGURIDAD SOCIAL A CARGO DE LA EMPRESA.

(649)   OTROS GASTOS SOCIALES.

13.4.1 Sueldos y salarios

Remuneraciones fijas y eventuales al personal de la empresa.

Supongamos que la nómina mensual de una empresa presenta el siguiente detalle:

Sueldos íntegros	**16.000 euros**
Retenciones:	
Seguridad Social	**(800) euros**
I.R.P.F.	**(1.800) euros**
Anticipos	**(1.750) euros**
Préstamos para vivienda	**(2.000) euros**
Líquido a pagar	**9.650 euros**

La cuota patronal a la Seguridad Social correspondiente a ese mes importa 3.250 euros.

Como puede observarse a la Seguridad Social se adeuda:

Retenido al personal	800 euros
Cuota patronal	3.250 euros
	4.050 euros

El coste del personal para la empresa está formado por:

Sueldos íntegros	16.000 euros
Cuota patronal	3.250 euros
	19.250 euros

El importe de los sueldos íntegros se recoge en la cuenta de gasto **(640) SUELDOS Y SALARIOS** y la cuota patronal en la cuenta de gasto **(642) SEGURIDAD SOCIAL A CARGO DE LA EMPRESA**.

Las **retenciones al personal** se recogen en las siguientes cuentas:

RETENCIÓN	CUENTA
Seguridad Social	(476) ORGANISMOS DE LA SEGURIDAD SOCIAL, ACREEDORES.
I.R.P.F.	(475) HACIENDA PÚBLICA, ACREEDOR POR CONCEPTOS FISCALES.
Anticipos	(460) ANTICIPOS REMUNERACIONES.
Préstamo para vivienda	(544) CRÉDITOS A CORTO PLAZO AL PERSONAL.

La anotación contable será:

D	(640) SUELDOS Y SALARIOS	H
16.000		

D	(642) SEGURIDAD SOCIAL A CARGO DE LA EMPRESA	H
3.250		

D	(476) ORGANISMOS SEGURIDAD SOCIAL, ACREEDORES	H
		4.050

D	(475) HACIENDA PÚBLICA, ACREEDOR POR CONCEPTOS FISCALES	H
		1.800

D	(460) ANTICIPOS REMUNERACIONES	H
		1.750

D	(544) CRÉDITOS A CORTO PLAZO AL PERSONAL	H
		2.000

D	(465) REMUNERACIONES PENDIENTES DE PAGO	H
		9.650

Al pagarse el líquido resultante de la nómina al personal:

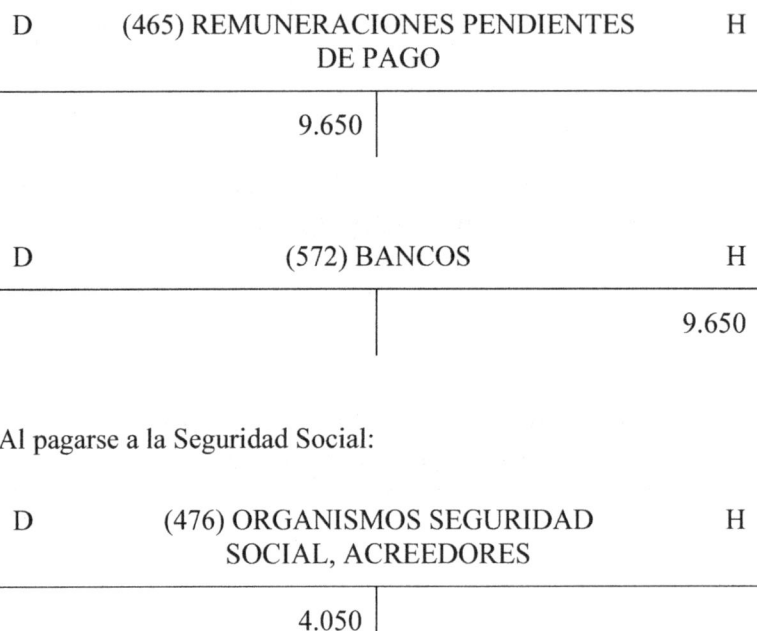

D	(465) REMUNERACIONES PENDIENTES DE PAGO	H
9.650		

D	(572) BANCOS	H
		9.650

Al pagarse a la Seguridad Social:

D	(476) ORGANISMOS SEGURIDAD SOCIAL, ACREEDORES	H
4.050		

D	(572) BANCOS	H
		4.050

13.4.2 Indemnizaciones

Cantidades que se entregan al personal de la empresa para resarcirse de un daño o perjuicio, como las indemnizaciones por despido o jubilación anticipada.

Supongamos que por despido a un empleado de la empresa se le paga una indemnización por importe de 25.000 euros.

La anotación contable será:

D	(641) INDEMNIZACIONES	H
25.000		

D	(572) BANCOS	H
		25.000

13.4.3 Otros gastos sociales

Se trata de los gastos de naturaleza social realizados por la empresa en cumplimiento de una disposición legal, por convenio con los trabajadores o voluntariamente. A título de ejemplo, cabe citar: las subvenciones a economatos y comedores, sostenimiento de escuelas y centros de formación profesional, becas para el estudio, primas por contratos de seguro de vida, etc.

Supongamos que se pagan 6.120 euros por becas de estudio a hijos de empleados de la empresa.

La anotación contable será:

D	(649) OTROS GASTOS SOCIALES	H
6.120		

D	(572) BANCOS	H
		6.120

13.5 OTROS GASTOS DE GESTIÓN

Cabe señalar las siguientes cuentas:

(650) PÉRDIDAS DE CRÉDITOS COMERCIALES INCOBRABLES.

(659) OTRAS PÉRDIDAS DE GESTIÓN CORRIENTE.

13.5.1 Pérdidas de créditos comerciales incobrables

Supongamos que el cliente H que adeuda a la empresa 7.192 euros, que no estaba clasificado contablemente como de dudoso cobro, se considera como definitivamente fallido, de acuerdo con la información obtenida por la empresa.

La anotación contable será:

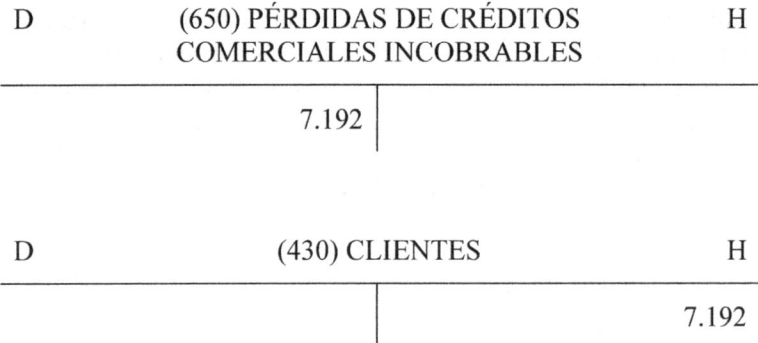

D	(650) PÉRDIDAS DE CRÉDITOS COMERCIALES INCOBRABLES	H
7.192		

D	(430) CLIENTES	H
		7.192

13.5.2 Otras pérdidas de gestión corriente

Cualquier pérdida o gasto de la gestión corriente de la empresa que no se recoja en otra cuenta específica. Cabe señalar, por ejemplo, las retribuciones de los administradores de la sociedad.

13.6 GASTOS FINANCIEROS

Cabe señalar las siguientes cuentas:

(662) **INTERESES DE DEUDAS**.

(665) **INTERESES POR DESCUENTO DE EFECTOS**.

(666) **PÉRDIDAS EN PARTICIPACIONES Y VALORES REPRESENTATIVOS DE DEUDA**.

(667) **PÉRDIDAS DE CRÉDITO**.

(668) **DIFERENCIAS NEGATIVAS DE CAMBIO**.

(669) **OTROS GASTOS FINANCIEROS**.

13.6.1 Intereses de deudas

Véanse los epígrafes 10.2 y 10.3.

13.6.2 Intereses por descuento de efectos

Véase el epígrafe 8.6.

13.6.3 Pérdidas en participaciones y valores representativos de deuda

Se entiende por PARTICIPACIONES las acciones de otras sociedades anónimas que tiene la empresa en su poder. También cualquier otro tipo de participaciones en el capital de otras empresas que no sean sociedades anónimas, que posea la empresa.

Se entiende por VALORES REPRESENTATIVOS DE DEUDA tanto la Deuda Pública como las obligaciones y bonos emitidos por empresas privadas.

La empresa puede poseer tanto PARTICIPACIONES como VALORES REPRESENTATIVOS DE DEUDA.

Las PARTICIPACIONES pueden ser objeto de venta y la empresa obtener pérdidas o ganancias. Si obtiene pérdidas se recogerán contablemente en la cuenta (666) PÉRDIDAS EN PARTICIPACIONES Y VALORES REPRESENTATIVOS DE DEUDA.

Los VALORES REPRESENTATIVOS DE DEUDA en poder de la empresa pueden venderse o resultar amortizados, obteniéndose pérdidas o ganancias. En el caso de pérdidas se recogerán contablemente en la indicada cuenta (666).

13.6.4 Pérdidas de créditos

La empresa puede conceder créditos (préstamos) a terceros (otras empresas, personal de la empresa). Como resultado de estos créditos pueden originarse pérdidas que se recogerán en la cuenta (667) PÉRDIDAS DE CRÉDITOS, como consecuencia de resultar fallidos en su totalidad o en parte.

13.6.5 Diferencias negativas de cambio

Si la empresa tiene **tesorería, créditos o débitos expresados en moneda distinta al euro, pueden surgir diferencias negativas como consecuencia de diferencias de cambio**. Si se trata de pérdidas se recogen en la cuenta **(668) DIFERENCIAS NEGATIVAS DE CAMBIO**.

Supongamos que al proveedor H se le adeuda como consecuencia de una compra de mercaderías en China, un importe de 35.118 dólares U.S.A. Esta deuda está contabilizada, al tipo de cambio del día de la compra, por un importe de 26.013 euros. Se paga a dicho proveedor los 35.118 dólares U.S.A. con un tipo de cambio de 1,34 dólares U.S.A. por un euro.

El importe pagado en euros es de:

$$35.118 / 1,34 = 26.207,46 \text{ euros.}$$

Por tanto hay una diferencia de cambio de:

Valor contable deuda	26.013,00 euros
Valor pago efectuado	(26.207,46) euros
Diferencia desfavorable	(194,46) euros

La anotación contable será:

D	(400) PROVEEDORES	H
26.013,00		

D	(668) DIFERENCIAS NEGATIVAS DE CAMBIO	H
194,46		

D	(572) BANCOS	H
		26.207,46

13.6.6 Otros gastos financieros

Cualquier gasto de tipo financiero no recogido en alguna cuenta específica.

Supongamos que la empresa para el pago de una deuda con un empleado por un importe de 785 euros, le ha remitido un giro postal por dicho importe, con gastos de 5,75 euros.

Como se trata de un gasto por movimiento de fondos tiene carácter de financiero, pero no se recoge en el Plan General de Contabilidad ninguna cuenta específica para ello. Por tanto, la anotación contable será:

D	(465) REMUNERACIONES PENDIENTES DE PAGO	H
785,00		

D	(669) OTROS GASTOS FINANCIEROS	H
5,75		

D	(570) CAJA, EUROS	H
		790,75

13.7 PÉRDIDAS PROCEDENTES DE ACTIVOS NO CORRIENTES Y GASTOS EXCEPCIONALES

Cabe señalar las siguientes cuentas:

(671) PÉRDIDAS PROCEDENTES DEL INMOVILIZADO MATERIAL.

(678) GASTOS EXCEPCIONALES.

13.7.1 Pérdidas procedentes del inmovilizado material

Se trata de pérdidas por venta o por cualquier otra causa de baja (destrucción, donación, fuera de uso) de elementos del inmovilizado material.

Supongamos que se vende un terreno por un importe de 185.500 euros, que estaba contabilizado por 200.000 euros.

La pérdida obtenida es de:

Importe venta	185.500 euros
Valor contable	(200.000) euros
	(14.500) euros

La anotación contable será:

D	(572) BANCOS	H
185.500		

D	(671) PÉRDIDAS PROCEDENTES DEL INMOVILIZADO MATERIAL	H
14.500		

D	(210) TERRENOS	H
		200.000

13.7.2 Gastos excepcionales

A título indicativo se pueden señalar:

-   **Daños por incendios.**

-   **Sanciones y multas.**

-   **Daños por inundaciones.**

Como puede observarse se trata de gastos y pérdidas de tipo **extraordinario o excepcional**.

Supongamos que la empresa paga 300 euros por una multa de circulación de un vehículo de su propiedad.

La anotación contable será:

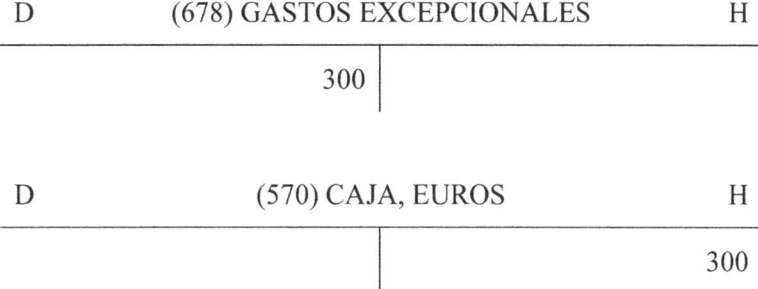

D	(678) GASTOS EXCEPCIONALES	H
300		

D	(570) CAJA, EUROS	H
		300

13.8 DOTACIONES PARA AMORTIZACIONES

Cabe señalar las siguientes cuentas:

(680)   AMORTIZACIÓN DEL INMOVILIZADO INTANGIBLE.

(681)   AMORTIZACIÓN DEL INMOVILIZADO MATERIAL.

Véanse los epígrafes 4.7 y 5.4.

13.9 PÉRDIDAS POR DETERIORO DE VALOR

Cabe señalar las siguientes cuentas:

(690)   PÉRDIDAS POR DETERIORO DEL INMOVILIZADO INTANGIBLE.

(691)   PÉRDIDAS POR DETERIORO DEL INMOVILIZADO MATERIAL.

(693)   PÉRDIDAS POR DETERIORO DE EXISTENCIAS.

(694)   PÉRDIDAS POR DETERIORO DE CRÉDITOS COMERCIALES.

Véanse:

- Epígrafe 4.10 (inmovilizado material).

- Epígrafe 5.6 (inmovilizado intangible).

- Epígrafe 6.5 (existencias).

- Epígrafe 7.7 (créditos comerciales).

Capítulo 14

INGRESOS

14.1 CLASIFICACIÓN CONTABLE DE LOS INGRESOS

Los **ingresos** se clasifican contablemente en:

- SUBVENCIONES.

- OTROS INGRESOS DE GESTIÓN.

- INGRESOS FINANCIEROS.

- BENEFICIOS PROCEDENTES DE ACTIVOS NO CORRIENTES E INGRESOS EXCEPCIONALES.

- REVERSIONES DE PÉRDIDAS POR DETERIORO.

Como los **INGRESOS** constituyen aumento de patrimonio de la empresa se anotan contablemente en el haber (parte derecha de la cuenta de que se trate).

Hay que advertir que todas las cuentas de ingresos llevan códigos que empiezan por el dígito **7**.

Todas las cuentas de ingresos se llevan al final del año a la cuenta de pérdidas y ganancias.

14.2 SUBVENCIONES

La empresa puede recibir dos tipos de **subvenciones**:

- **Subvenciones corrientes**.

- **Subvenciones de capital**.

Las subvenciones corrientes tienen por finalidad financiar la actividad normal de la empresa. Por tanto, se consideran ingresos del año en que se obtienen. Se recogen en la cuenta **(740) SUBVENCIONES A LA EXPLOTACIÓN**.

Supongamos que la empresa B (centro de enseñanza) recibe una subvención de 120.000 euros de la Junta de Andalucía por tratarse de un centro concertado.

La anotación contable será:

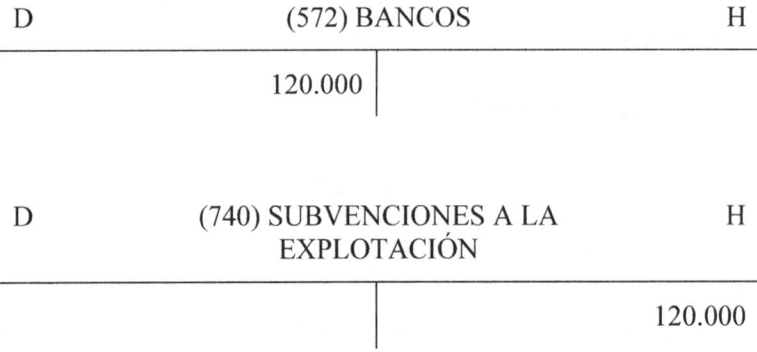

D	(572) BANCOS	H
120.000		

D	(740) SUBVENCIONES A LA EXPLOTACIÓN	H
		120.000

En cuanto a las subvenciones de capital cabe señalar que su finalidad es financiar inversiones (normalmente elementos del inmovilizado material). Estas subvenciones de capital no se consideran, cuando se reciben, ingresos del año. Su tratamiento contable consiste en repartirlas como ingreso en varios años. Así, por ejemplo, si la subvención recibida es para financiar maquinaria, se repartirá como ingreso durante los años de duración de la maquinaria subvencionada. Supongamos que la empresa D ha recibido una subvención de la Junta de Extremadura por importe de 200.000 euros para financiar maquinaria para una ampliación de la fábrica.

La anotación contable será:

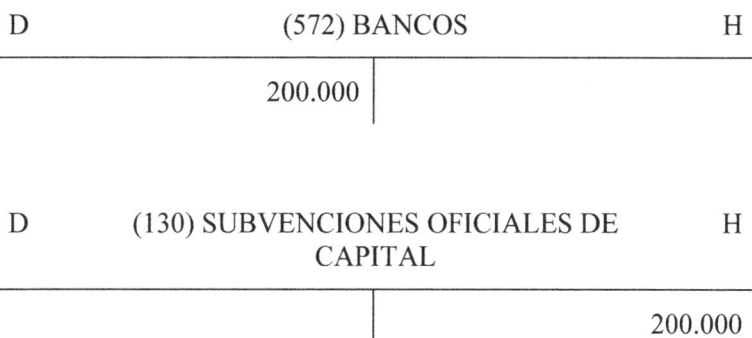

D	(572) BANCOS	H
200.000		

D	(130) SUBVENCIONES OFICIALES DE CAPITAL	H
		200.000

La cuenta (130) no se considera todavía como ingresos a incorporar a la cuenta de pérdidas y ganancias.

Supongamos que con los fondos recibidos por la subvención se adquiere maquinaria.

La anotación contable será:

D	(213) MAQUINARIA	H
200.000		

D	(572) BANCOS	H
		200.000

Al final del primer año se amortiza la maquinaria subvencionada en su 15 por 100 y se considera que también el 15 por 100 de la subvención de capital recibida debe incorporarse como ingreso de ese año. Por tanto, el ingreso a contabilizar será de:

$$(200.000 \times 15) / 100 = 30.000 \text{ euros.}$$

La anotación contable será:

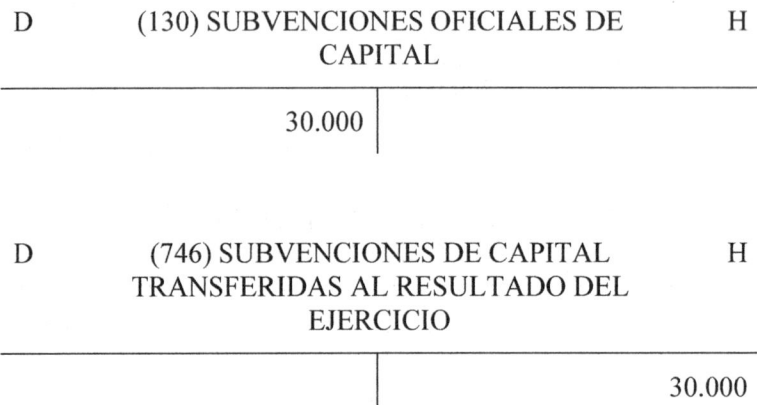

D   (130) SUBVENCIONES OFICIALES DE   H
                         CAPITAL

           30.000

D   (746) SUBVENCIONES DE CAPITAL   H
         TRANSFERIDAS AL RESULTADO DEL
                      EJERCICIO

                                                    30.000

Con esta anotación contable se rebaja la cuenta **(130)** en 30.000 euros y se traspasa a la cuenta de ingresos **(746)**. Esta cuenta **(746)**, como es obvio, se llevará a final del año a la cuenta de pérdidas y ganancias.

En años sucesivos conforme se va amortizando la maquinaria subvencionada, en la misma proporción se va incorporando la subvención recibida a ingresos. Al final de la vida útil de la indicada maquinaria esta quedará totalmente amortizada y la subvención de capital se habrá incorporado a ingresos en su totalidad, quedando la cuenta **(130)** a cero.

14.3 OTROS INGRESOS DE GESTIÓN

Cabe señalar las siguientes cuentas:

(752)   **INGRESOS POR ARRENDAMIENTOS**.

(753)   **INGRESOS POR PROPIEDAD INDUSTRIAL CEDIDA EN EXPLOTACIÓN**.

(754)   **INGRESOS POR COMISIONES**.

(755)   **INGRESOS POR SERVICIOS AL PERSONAL**.

(759)   **INGRESOS POR SERVICIOS DIVERSOS**.

14.3.1 Ingresos por arrendamientos

La empresa puede tener determinados elementos del inmovilizado material (inmuebles, maquinaria, vehículos) de su propiedad cedidos a terceros en régimen de arrendamiento y, en consecuencia, obtiene ingresos por este concepto.

Supongamos que la empresa H tiene arrendado a terceros determinados locales comerciales anexos al centro comercial (que constituye su actividad principal). Se cobran 4.800 euros de arrendamiento de dichos locales más 1.008 euros de IVA.

La anotación contable será:

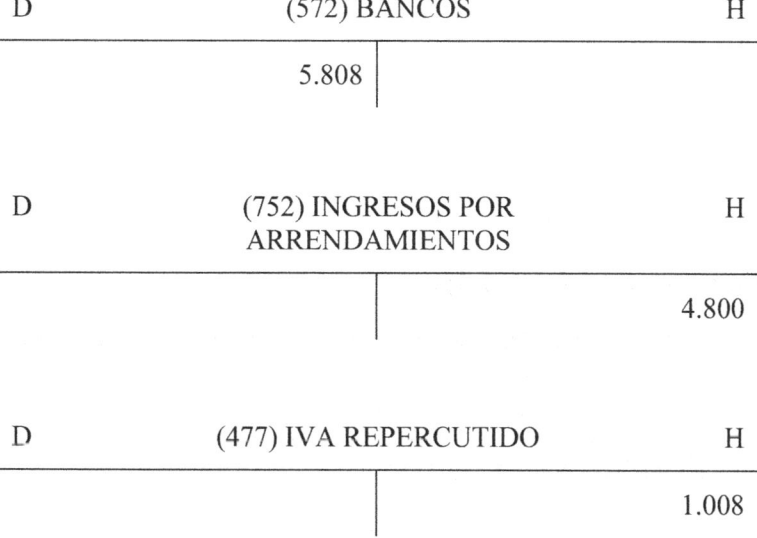

D	(572) BANCOS	H
5.808		

D	(752) INGRESOS POR ARRENDAMIENTOS	H
		4.800

D	(477) IVA REPERCUTIDO	H
		1.008

14.3.2 Ingresos por propiedad industrial cedida en explotación

La empresa puede ser la titular de una patente industrial determinada y tener cedida su explotación a un tercero que paga unos cánones (*royalties*) periódicos.

Supongamos que la empresa cobró un importe de 12.800 euros por esos *royalties*, más 2.688 euros de IVA.

La anotación contable será:

D	(572) BANCOS	H
15.488		

D	(753) INGRESOS POR PROPIEDAD INDUSTRIAL CEDIDA EN EXPLOTACIÓN	H
		12.800

D	(477) IVA REPERCUTIDO	H
		2.688

14.3.3 Ingresos por comisiones

La empresa puede cobrar comisiones por haber actuado de intermediario en alguna operación.

Supongamos que la empresa M cobró 2.525 euros en concepto de comisión. La anotación contable será:

D	(572) BANCOS	H
2.525		

D	(754) INGRESOS POR COMISIONES	H
		2.525

14.3.4 Ingresos por servicios al personal

Entre estos servicios cabe señalar:

- **Economatos**.

- **Comedores**.

- **Transportes**.

- **Viviendas**.

Supongamos que la empresa N cobra a su personal por servicios de comedores un importe de 489 euros.

La anotación contable será:

D	(570) CAJA, EUROS	H
489		

D	(755) INGRESOS POR SERVICIOS AL PERSONAL	H
		489

14.3.5 Ingresos por servicios diversos

Entre estos servicios cabe señalar:

- **Transporte**.

- **Reparaciones**.

- **Asesorías**.

- **Informes**.

- **Trabajos informáticos**.

Supongamos que la empresa R cobra a otra empresa del grupo por trabajos informáticos un importe de 2.150 euros más 451,50 euros de IVA.

La anotación contable será:

D	(572) BANCOS	H
2.601,50		

D	(759) INGRESOS POR SERVICIOS DIVERSOS	H
		2.150,00

D	(477) IVA REPERCUTIDO	H
		451,50

14.4 INGRESOS FINANCIEROS

Cabe señalar las siguientes cuentas:

(760) INGRESOS DE PARTICIPACIONES EN INSTRUMENTOS DE PATRIMONIO.

(761) INGRESOS DE VALORES REPRESENTATIVOS DE DEUDA.

(762) INGRESOS DE CRÉDITOS.

(768) DIFERENCIAS POSITIVAS DE CAMBIO.

(769) OTROS INGRESOS FINANCIEROS.

14.4.1 Ingresos de participaciones en instrumentos de patrimonio

Se trata de los ingresos (dividendos) que cobra la empresa por su participación en el capital de otras empresas.

Supongamos que la empresa T tiene acciones de la sociedad anónima K y esta ha repartido dividendos. De estos dividendos corresponden a la empresa T un importe de 6.118 euros.

La anotación contable será:

D	(572) BANCOS	H
6.118		

D	(760) INGRESOS DE PARTICIPACIONES EN INSTRUMENTOS DE PATRIMONIO	H
		6.118

14.4.2 Ingresos de valores representativos de deuda

Se trata de los intereses que cobra la empresa por tener títulos de Deuda Pública u obligaciones y bonos emitidos por empresas privadas.

Supongamos que la empresa L posee obligaciones emitidas por una sociedad del sector de electricidad. Esta sociedad paga los intereses correspondientes al segundo semestre del año 2012 de la emisión de obligaciones que posee la empresa L a la que corresponde un importe de 2.850 euros de dichos intereses.

La anotación contable será:

D	(572) BANCOS	H
2.850		

D	(761) INGRESOS DE VALORES REPRESENTATIVOS DE DEUDA	H
		2.850

14.4.3 Ingresos de créditos

La empresa puede haber concedido créditos (préstamos) a otras empresas o al personal y cobrar sus correspondientes intereses.

Supongamos que la empresa V ha concedido un préstamo de 200.000 euros a otra empresa del grupo, con un tipo de interés del 4 por 100 anual. La empresa V cobra los intereses de un semestre de dicho préstamo.

$$(200.000 \times 4) / 100 = 8.000 \text{ euros (año).}$$

$$8.000 / 2 = 4.000 \text{ euros (semestre).}$$

La anotación contable será:

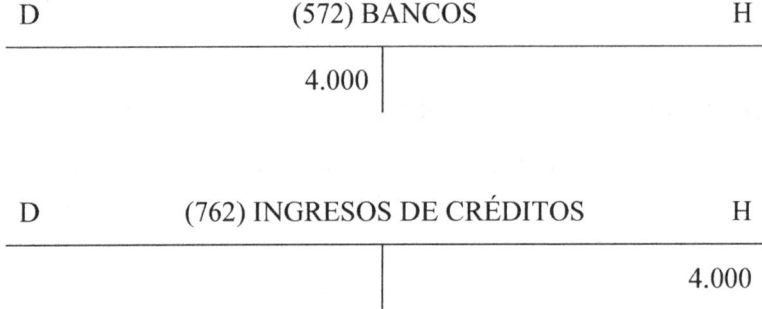

D	(572) BANCOS	H
4.000		

D	(762) INGRESOS DE CRÉDITOS	H
		4.000

14.4.4 Diferencias positivas de cambio

La empresa puede tener tesorería, créditos o débitos expresados en moneda distinta al euro. Como consecuencia de ello pueden surgir diferencias por la evolución de los tipos de cambio respecto al euro. Estas diferencias pueden ser favorables o desfavorables para la empresa.

Supongamos que la empresa N tiene en caja un importe de 2.150 dólares U.S.A., valorados por el precio de adquisición efectuado en distintas fechas dentro del año.

En base a estas valoraciones el saldo contable es de 1.616 euros. A final del año el tipo de cambio es de 1,30 dólares U.S.A. por cada euro.

Por tanto, a final del año la valoración de los 2.150 dólares U.S.A. es de:

$$2.150 / 1,30 = 1.653,85 \text{ euros.}$$

La diferencia de cambio será:

Valor a 31 de diciembre	1.653,85 euros
Valor contable	(1.616,00) euros
Diferencia positiva	37,85 euros

La anotación contable será:

D	(571) CAJA, MONEDA EXTRANJERA	H
37,85		

D	(768) DIFERENCIAS POSITIVAS DE CAMBIO	H
		37,85

14.4.5 Otros ingresos financieros

Cabe señalar los siguientes:

- **Intereses de cuentas bancarias.**

- **Intereses a favor de la empresa en operaciones comerciales.**

- **Diferencias positivas en arqueos de caja.**

Supongamos que el banco X abona en la cuenta corriente de la empresa B un importe de 290,85 euros en concepto de intereses.

La anotación contable será:

D	(572) BANCOS	H
290,85		

D	(769) OTROS INGRESOS FINANCIEROS	H
		290,85

14.5 BENEFICIOS PROCEDENTES DE ACTIVOS NO CORRIENTES E INGRESOS EXCEPCIONALES

Cabe señalar las siguientes cuentas:

(771) BENEFICIOS PROCEDENTES DEL INMOVILIZADO MATERIAL.

(778) INGRESOS EXCEPCIONALES.

14.5.1 Beneficios procedentes del inmovilizado material

Se trata de las ganancias obtenidas por la empresa en la venta de elementos del inmovilizado material.

Supongamos que la empresa K es propietaria de un solar que figura reflejado en contabilidad por un importe de 350.000 euros.

La empresa K vende dicho solar por un importe de 425.000 euros.

La anotación contable será:

D	(572) BANCOS	H
425.000		

D	(210) TERRENOS	H
		350.000

D	(771) BENEFICIOS PROCEDENTES DEL INMOVILIZADO MATERIAL	H
		75.000

14.5.2 Ingresos excepcionales

Se trata de ingresos extraordinarios normalmente de tipo esporádico.

Supongamos que la empresa H cobra de una compañía de seguros un importe de 15.500 euros por indemnización de un siniestro habido en la maquinaria de la fábrica.

La anotación contable será:

D	(572) BANCOS	H
15.500		

D	(778) INGRESOS EXCEPCIONALES	H
		15.500

14.6 REVERSIÓN DE PÉRDIDAS POR DETERIORO

Como ya se ha indicado en algunos capítulos anteriores la empresa puede **contabilizar pérdidas por deterioro de valor de elementos del inmovilizado material, existencias, créditos comerciales, etc. Pero puede ocurrir que, en determinados casos, las circunstancias que motivaron dichas pérdidas dejen de tener vigencia y, por tanto, se pone de manifiesto una REVERSIÓN de la situación anterior. Esta reversión de la situación (que en su día se consideró como pérdida) supone, por tanto, una ganancia. Con esta ganancia se compensa la pérdida contabilizada con anterioridad.** Para recoger estas reversiones se utilizan, entre otras cuentas, las siguientes:

(791) **REVERSIÓN DEL DETERIORO DEL INMOVILIZADO MATERIAL.**

(793) **REVERSIÓN DEL DETERIORO DE EXISTENCIAS.**

(794) **REVERSIÓN DEL DETERIORO DE CRÉDITOS COMERCIALES.**

Capítulo 15

CONTABILIZACIÓN DEL IVA
Y DEL IMPUESTO DE SOCIEDADES

15.1 LIQUIDACIÓN DEL IVA

Como ha podido observar el lector en las adquisiciones de bienes y servicios gravadas por el IVA la cuota pagada por la empresa por este impuesto se ha recogido en la cuenta **(472) IVA SOPORTADO**.

Por otro lado las cuotas de IVA cobradas por la empresa por sus ventas y otros ingresos se han recogido en la cuenta **(477) IVA REPERCUTIDO**.

Trimestralmente (en algunos casos mensualmente) la empresa tiene que liquidar el IVA con Hacienda. **Para la liquidación se enfrenta el IVA REPERCUTIDO con el IVA SOPORTADO**, pudiéndose llegar a dos situaciones:

IVA REPERCUTIDO > IVA SOPORTADO

IVA REPERCUTIDO < IVA SOPORTADO

Cuando el **IVA REPERCUTIDO** es superior al **IVA SOPORTADO** hay que ingresar en Hacienda la diferencia:

$$+ \quad \textbf{IVA REPERCUTIDO}$$

$$- \quad \textbf{IVA SOPORTADO}$$

Supongamos que la empresa R obtiene de su contabilidad la siguiente información:

- Total **IVA REPERCUTIDO** durante el tercer trimestre del año 2013 (saldo de la cuenta (477) en 30 – 9 – 13): 88.950,45 euros.

- Total **IVA SOPORTADO** durante el tercer trimestre del año 2013 (saldo de la cuenta (472) en 30 – 9 – 13): 63.118,40 euros.

Habrá que ingresar en Hacienda:

IVA repercutido	**88.950,45 euros**
IVA soportado	**(63.118,40) euros**
	25.832,05 euros

La anotación contable será:

D	(477) IVA REPERCUTIDO	H
88.950,45		

D	(472) IVA SOPORTADO	H
		63.118,40

D	(4750) HACIENDA PÚBLICA, ACREEDORA POR IVA	H
		25.832,05

Como puede observarse la cuenta (477) IVA REPERCUTIDO (que tiene sus anotaciones en el haber) se anota en el debe y de esta forma queda a cero.

Igual ocurre con la cuenta (472) IVA SOPORTADO (que tiene sus anotaciones en el debe) al anotarse en el haber.

La diferencia se recoge en la cuenta **(4750)** como deuda con Hacienda. Al ingresar esta deuda se haría la siguiente anotación:

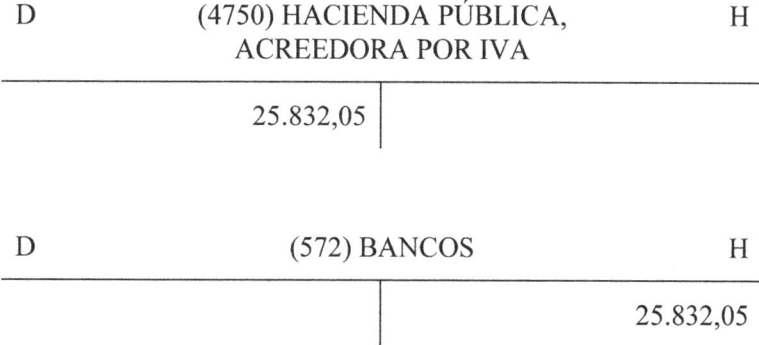

En el caso de que el **IVA REPERCUTIDO** sea menor que el **IVA SOPORTADO**, la diferencia la tiene que devolver Hacienda a la empresa:

+   **IVA SOPORTADO**

-    **IVA REPERCUTIDO**

Supongamos que la empresa T obtiene de su contabilidad la siguiente información:

- Total **IVA REPERCUTIDO** durante el segundo trimestre del año 2013 (saldo de la cuenta (477) en 30 – 6 – 13): 60.518,75 euros.

- Total **IVA SOPORTADO** durante el segundo trimestre del año 2013 (saldo de la cuenta (472) en 30 – 6 – 13): 72.118,65 euros.

Hacienda tiene que devolver a la empresa:

IVA soportado   **72.118,65 euros**

IVA repercutido   **(60.518,75) euros**

                                                     11.599,90 euros

La anotación contable será:

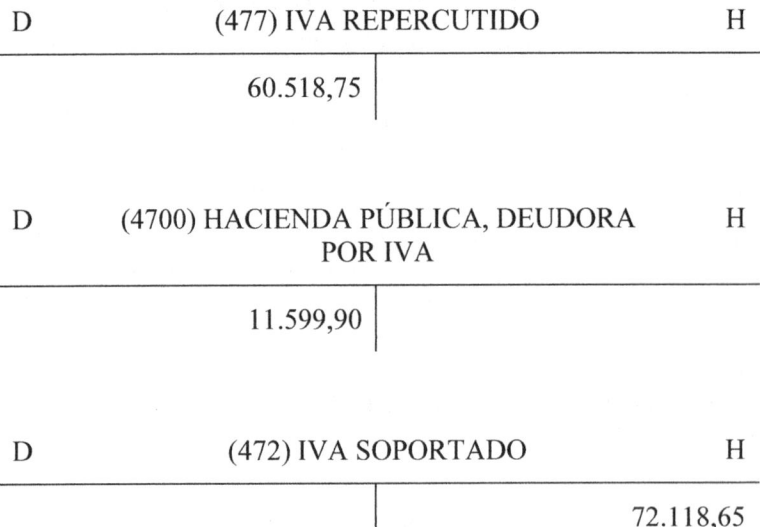

D	(477) IVA REPERCUTIDO	H
60.518,75		

D	(4700) HACIENDA PÚBLICA, DEUDORA POR IVA	H
11.599,90		

D	(472) IVA SOPORTADO	H
		72.118,65

Como puede observarse con esta anotación contable las cuentas **(477) IVA REPERCUTIDO** y **(472) IVA SOPORTADO** quedan a cero y el importe a devolver por Hacienda queda reflejado en la cuenta **(4700)**.

Cuando la empresa reciba la devolución de Hacienda se hará la siguiente anotación contable:

D	(572) BANCOS	H
11.599,90		

D	(4700) HACIENDA PÚBLICA, DEUDORA POR IVA	H
		11.599,90

15.2 LIQUIDACIÓN DEL IMPUESTO DE SOCIEDADES

El Impuesto de Sociedades grava los beneficios obtenidos por la empresa (excepto en el caso de empresa individual). Este impuesto se liquida anualmente.

De una forma esquemática la liquidación anual se obtiene:

+   **INGRESOS COMPUTABLES**

-   **GASTOS DEDUCIBLES**

=   **BASE IMPONIBLE**

BASE IMPONIBLE X TIPO IMPOSITIVO = CUOTA ÍNTEGRA

+   **CUOTA ÍNTEGRA**

-   **DEDUCCIONES FISCALES**

=   **CUOTA NETA**

-   **RETENCIONES Y PAGOS A CUENTA**

=   **CUOTA LÍQUIDA**

El coste del Impuesto de Sociedades para la empresa viene dado por la CUOTA NETA.

Las **RETENCIONES** son las cantidades que al cobrar la empresa determinadas rentas (dividendos de otras empresas, intereses) le han sido deducidos por los pagadores de las mismas. Así, por ejemplo, al abonar el banco los intereses por un depósito a seis meses, retiene un porcentaje determinado que el banco ingresa en Hacienda a nombre de la empresa. Por tanto, la cantidad retenida por el banco constituye un pago anticipado del Impuesto de Sociedades por parte de la empresa. En consecuencia, tendrá que restar la retención de la cuota que le corresponde pagar por el citado Impuesto.

En cuanto a los **PAGOS A CUENTA** se trata de ingresos efectuados trimestralmente de forma anticipada por la empresa en Hacienda, a cuenta del Impuesto de Sociedades.

Supongamos que la empresa M liquida el Impuesto de Sociedades correspondiente al año 2013 y resulta una **CUOTA LÍQUIDA** de 30.118 euros, pero tiene contabilizados pagos a cuenta y retenciones por importe de 11.018 euros recogidos en el debe de la cuenta **(473) HACIENDA PÚBLICA, RETENCIONES Y PAGOS A CUENTA**, ya que se trata de derechos de cobro para la empresa, a recuperar al liquidar el Impuesto.

Por tanto, el ingreso en Hacienda por el Impuesto de Sociedades vendrá dado por:

Cuota neta	**30.118 euros**
Retenciones y pagos a cuenta	**(11.018) euros**
	19.100 euros

La anotación contable será:

D	(630) IMPUESTO SOBRE BENEFICIOS	H
30.118		

D	(473) HACIENDA PÚBLICA, RETENCIONES Y PAGOS A CUENTA	H
		11.018

D	(4752) HACIENDA PÚBLICA, ACREEDORA POR IMPUESTO SOBRE SOCIEDADES	H
		19.100

Como puede observarse la cuota por el Impuesto de Sociedades se recoge en una cuenta de gastos, la cuenta **(473)** queda a cero y la deuda con Hacienda queda recogida en la cuenta **(4752)**.

Al pagarse a Hacienda la anotación contable será:

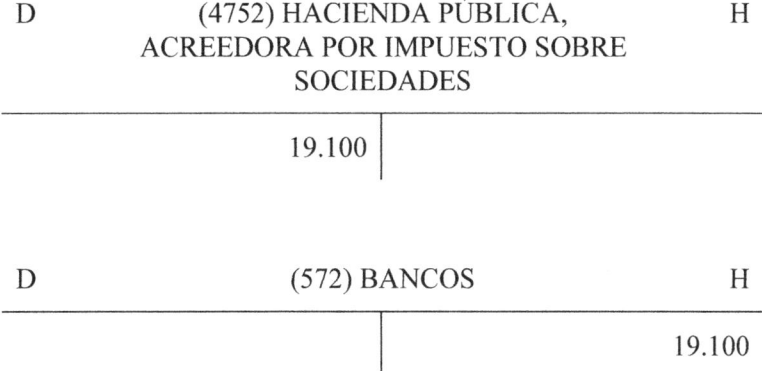

D	(4752) HACIENDA PÚBLICA, ACREEDORA POR IMPUESTO SOBRE SOCIEDADES	H
19.100		

D	(572) BANCOS	H
		19.100

Capítulo 16

REGULARIZACIÓN
Y CIERRE DEL EJERCICIO

16.1 OBJETO DE LA REGULARIZACIÓN DEL EJERCICIO

A final del ejercicio (normalmente al final del año natural) la empresa procede a determinar el resultado económico (pérdida o ganancia) obtenido durante el año.

Para determinar el resultado económico anual tiene que contabilizarse una serie de operaciones conocidas como **REGULARIZACIÓN DEL EJERCICIO.**

Las principales operaciones de **REGULARIZACIÓN** son:

- **Dotaciones de amortizaciones.**

- **Pérdidas por deterioro de valor.**

- **Periodificación de ingresos y de gasto.**

- **Regularización de existencias.**

16.2 DOTACIONES DE AMORTIZACIONES

Los elementos del Inmovilizado material y del Inmovilizado intangible tienen que amortizarse por la parte que corresponda al período anual.

A veces las empresas optan por contabilizar la amortización del inmovilizado material y del inmovilizado intangible durante el transcurso del año. Por ejemplo: al final de cada mes amortizan la doceava parte de la amortización anual prevista. Evidentemente en estos casos la amortización ya está contabilizada al llegar el final del año y no tendrá que hacerse ninguna anotación contable por regularización del ejercicio por este concepto.

En el caso de no haberse contabilizado la amortización durante el año tendrá que efectuarse en su totalidad, a efectos de regularización del ejercicio, de una sola vez al final del año.

La contabilización de la amortización será la misma ya se efectúe en períodos intermedios o a final del año (véanse los epígrafes 4.7 y 5.4).

16.3 PÉRDIDAS POR DETERIORO DE VALOR

Los diversos activos (bienes y derechos de cobro) pueden perder valor por diversas causas ocasionando con ello pérdidas para la empresa que deben contabilizarse.

A estas pérdidas se les denomina contablemente (como ya habrá podido observar el lector) **DETERIOROS DE VALOR**.

Al hacer referencia al inmovilizado material, al inmovilizado intangible, a las existencias y a los créditos comerciales en capítulos anteriores, ya se ha puesto de manifiesto la contabilización de estas **PÉRDIDAS POR DETERIORO DE VALOR**, por lo que el lector puede remitirse a:

- Epígrafe 4.10 (inmovilizado material).

- Epígrafe 5.6 (inmovilizado intangible).

- Epígrafe 6.5 (existencias).

- Epígrafe 7.7 (créditos comerciales).

Lo usual es que estas pérdidas de valor no se contabilicen durante el año sino que se haga a final del año a efectos de REGULARIZACIÓN DEL EJERCICIO.

Hay que tener presente que no solo deben contabilizarse las **PÉRDIDAS** por deterioro de valor sino también las posibles **REVERSIONES** de estas pérdidas (véase el epígrafe 14.6).

16.4 PERIODIFICACIÓN DE INGRESOS Y DE GASTOS

Para la empresa determinar la pérdida o la ganancia del ejercicio hay que tener presente el principio contable del **DEVENGO**.

El principio contable del DEVENGO establece que el cómputo de ingresos y de gastos correspondientes a un período determinado de tiempo (en este caso el ejercicio económico anual) deberá hacerse en función de la corriente real de los bienes y servicios, con independencia del momento en que se produzcan los cobros o los pagos.

Veamos algunos ejemplos de aplicación del principio contable del **DEVENGO**:

- Las ventas efectuadas en el mes de noviembre del año 2013, corresponde computarlas como ingresos del referido año 2013, aunque vayan a cobrarse en el mes de febrero de 2014, ya que se ha aplazado su cobro durante tres meses.

- Los gastos de la publicidad efectuada durante el mes de diciembre de 2013 tienen que computarse como gastos del ejercicio anual 2013, aunque se vayan a pagar en el mes de enero de 2014.

- Las primas de seguros pagadas anticipadamente en octubre del año 2013 correspondientes a un período anual a partir de dicho pago, se computan como gastos del año 2013 solo por la parte proporcional correspondiente a dicho año. El resto se computará como gasto en el año 2014.

A la vista de estos ejemplos resulta evidente que la empresa al final del año, a efectos de **REGULARIZACIÓN** del ejercicio, tendrá que efectuar los oportunos **AJUSTES DE PERIODIFICACIÓN**.

Se entiende por **AJUSTES DE PERIODIFICACIÓN** las anotaciones contables que hay que efectuar con la finalidad de que se computen correctamente a cada ejercicio anual sus ingresos y sus gastos, con independencia del cobro o pago de los mismos.

Los **AJUSTES DE PERIODIFICACIÓN** pueden ser:

- **Ingresos o gastos diferidos.**

- **Ingresos o gastos anticipados.**

16.4.1 Ingresos diferidos

Los ingresos se DEVENGAN con anterioridad a su COBRO.

Supongamos que la empresa H tiene concedido un préstamo a la empresa K por un importe de 120.000 euros con intereses del 5 por 100 anual. El préstamo se concedió el 6 de noviembre de 2012 y los intereses vencen anualmente.

Llegado el 31 de diciembre de 2012 (fecha de cierre del ejercicio anual) hay intereses devengados a favor de la empresa hasta dicha fecha, pero no se van a cobrar hasta el 6 de noviembre de 2013.

Los intereses ya devengados son:

$$(120.000 \times 5) / 100 = 6.000 \text{ euros (anual).}$$

$$6.000 \times (55 / 365) = 904,11 \text{ euros (hasta 31 de diciembre).}$$

La anotación contable será:

D	(547) INTERESES A CORTO PLAZO DE CRÉDITOS	H
904,11		

D	(762) INGRESOS DE CRÉDITOS	H
		904,11

Como puede observarse con esta anotación contable se reconoce un derecho de cobro por 904,11 euros en la cuenta **(547)** que se va a cobrar en 6 de noviembre de 2013. Y al mismo tiempo se reconoce un ingreso del mismo importe correspondiente al ejercicio cerrado en 31 de diciembre de 2012, recogido en la cuenta **(762)**.

16.4.2 Gastos diferidos

Los gastos se DEVENGAN con anterioridad a su PAGO.

Supongamos que la empresa L, a efecto de regularización del ejercicio 2013, estima que el consumo de energía eléctrica hasta 31 de diciembre de dicho año, pero que todavía no ha facturado la compañía suministradora de la electricidad, es por un importe de 429 euros.

La anotación contable será:

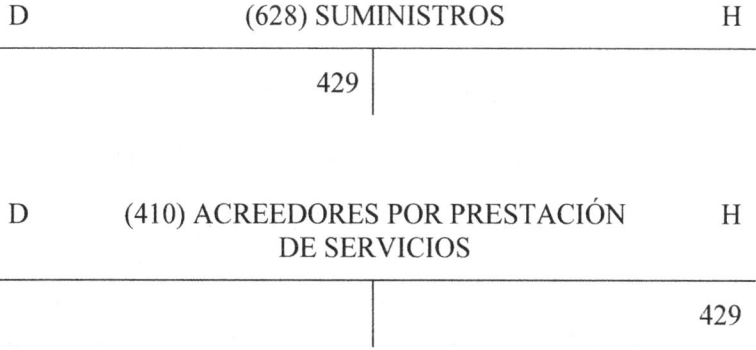

Como puede observarse con esta anotación contable se reconoce una deuda con la compañía suministradora de electricidad por importe de 429 euros, ya que la electricidad consumida no está todavía pagada. Al mismo tiempo se reconoce un gasto en la cuenta **(628)** correspondiente al año 2013 por el mismo importe.

16.4.3 Ingresos anticipados

Los ingresos se COBRAN antes de su DEVENGO.

Supongamos que la empresa A ha cobrado un importe de 786,50 euros (incluido IVA por 136,50 euros) por la mensualidad del alquiler de un local que tiene arrendado a un tercero. La mensualidad, que se ha cobrado anticipadamente, corresponde al período del 17 de diciembre de 2012 al 16 de enero de 2013.

Al cobrarse la mensualidad, en 17 de diciembre, la anotación contable ha sido:

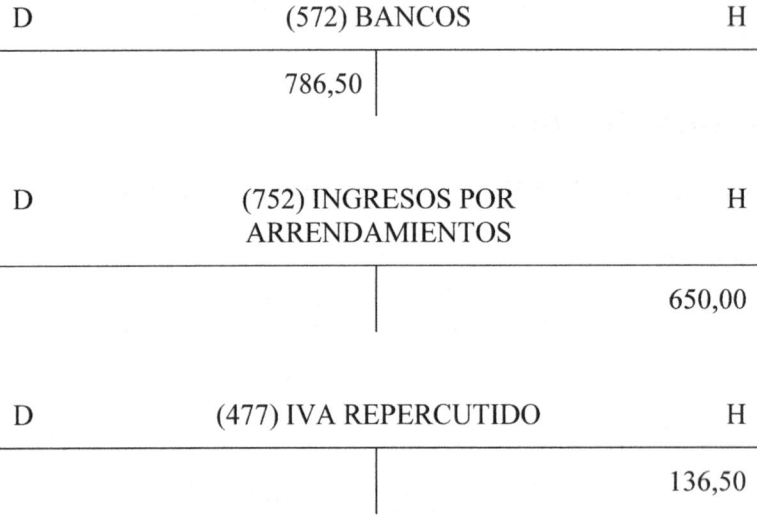

D	(572) BANCOS	H
786,50		

D	(752) INGRESOS POR ARRENDAMIENTOS	H
		650,00

D	(477) IVA REPERCUTIDO	H
		136,50

Como puede observarse el alquiler mensual de 650 euros se desdobla en:

$(650 \times 15) / 31 = 314,52$ euros (17 a 31 de diciembre).

$650 - 314,52 = 335,48$ euros (1 a 16 de enero).

Por tanto, al cierre del ejercicio en 31 de diciembre de 2012, hay que contabilizar un **AJUSTE DE PERIODIFICACIÓN** por el importe de 335,48 euros cobrados en 2012 pero que corresponde a 2013.

La anotación contable será:

D	(752) INGRESOS POR ARRENDAMIENTOS	H
335,48		

D	(485) INGRESOS ANTICIPADOS	H
		335,48

Después de esta anotación contable la cuenta **(752) INGRESOS POR ARRENDAMIENTOS** queda con un saldo de:

Haber	650,00 euros
Debe	335,48 euros
	314,52 euros

Este saldo de 314,52 euros es el importe de los ingresos que corresponden al año 2012.

Cuando se inicia el año 2013 se hará la siguiente anotación contable:

D	(485) INGRESOS ANTICIPADOS	H
335,48		

D	(752) INGRESOS POR ARRENDAMIENTOS	H
		335,48

Después de esta anotación contable la cuenta **(485)** quedará a cero y en la cuenta **(752)** recogerá los ingresos por arrendamiento que ya corresponden al 2013.

16.4.4 Gastos anticipados

Los gastos se PAGAN con anterioridad a su DEVENGO.

Supongamos que la empresa T ha pagado por el seguro contra incendios de la maquinaria de la fábrica un importe de 2850 euros, correspondiente al período de 1 de octubre de 2012 a 30 de septiembre de 2013.

Esta prima de seguro se ha pagado anticipadamente, como es lo habitual. La anotación contable habrá sido:

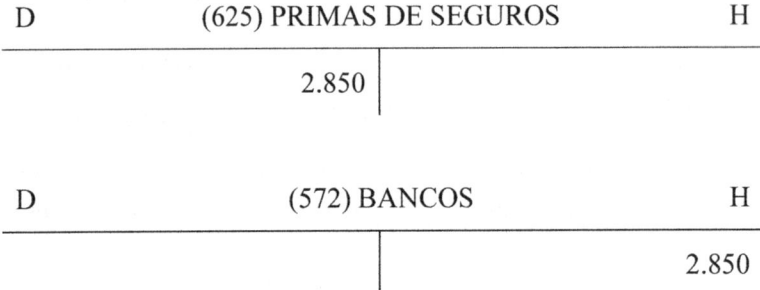

D	(625) PRIMAS DE SEGUROS	H
2.850		

D	(572) BANCOS	H
		2.850

Esta prima de seguros por importe de 2.850 euros se desdobla en:

$$(2.850 \times 3) / 12 = 712,50 \text{ euros (octubre a diciembre).}$$

$$2.850 - 712,50 = 2.137,50 \text{ euros (enero a septiembre).}$$

Por el importe de 2.137,50 euros correspondiente al año 2013, se hará en 31 de diciembre de 2012 (cierre del ejercicio) la siguiente anotación contable:

D	(480) GASTOS ANTICIPADOS	H
2.137,50		

D	(625) PRIMAS DE SEGUROS	H
		2.137,50

Después de esta anotación contable la cuenta **(625) PRIMAS DE SEGUROS** quedará con un saldo de:

Debe	2.850,00 euros
Haber	(2.137,50) euros
	712,50 euros

Este saldo por importe de 712,50 euros corresponde al gasto imputable en el año 2012.

Al inicio del año 2013 se hará la siguiente anotación contable:

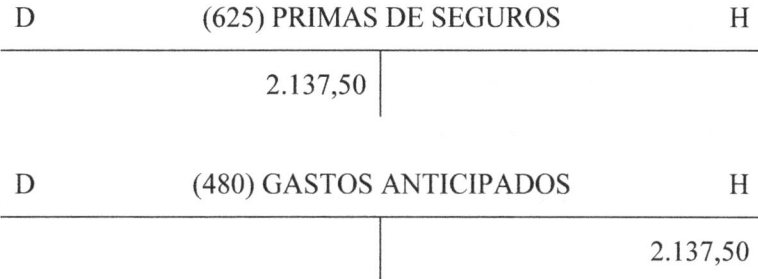

D	(625) PRIMAS DE SEGUROS	H
2.137,50		

D	(480) GASTOS ANTICIPADOS	H
		2.137,50

Después de esta anotación contable la cuenta **(480)** queda a cero y en la cuenta **(625)** se recoge el importe del seguro correspondiente al año 2013.

16.5 REGULARIZACIÓN DE EXISTENCIAS

16.5.1 Regularización de mercaderías

Se recuerda al lector que las **MERCADERÍAS** son los artículos adquiridos por la empresa para posteriormente venderlos sin transformación, como, por ejemplo: una farmacia, un comercio de ropa confeccionada, una perfumería, etc.

Como es obvio las **mercaderías existentes** en la empresa en un momento determinado vendrán dadas por:

+   **Entradas de mercaderías**.

-   **Salidas de mercaderías**.

Pero contablemente las entradas y las salidas no están valoradas con el mismo criterio. La valoración es:

+   **Entradas de mercaderías (al precio de adquisición)**.

-   **Salidas de mercaderías (al precio de venta)**.

Por tanto, resulta evidente que contablemente la diferencia entre las entradas y las salidas de mercaderías no arroja el valor de las mercaderías existentes.

El objeto de la **REGULARIZACIÓN** es determinar las **salidas de mercaderías pero valoradas al precio de adquisición**. De esta forma tendremos:

+   **Entradas de mercaderías (al precio de adquisición).**

-   **Salidas de mercaderías (al precio de adquisición).**

=   **Existencia de mercaderías (al precio de adquisición).**

Para determinar las **salidas de mercaderías**, en un período de tiempo (normalmente el año), valoradas al precio de adquisición, se opera de la forma siguiente:

+   **Existencias al principio del año (valoradas al precio de adquisición).**

+   **Compras durante el año (valoradas al precio de adquisición).**

-   **Existencias al final del año (valoradas al precio de adquisición).**

=   **Salidas durante el año (valoradas al precio de adquisición). Se supone que las salidas han sido por haber resultado vendidas.**

Es decir:

-   El total de mercaderías habidas en el almacén durante el año viene dado por la suma de las existencias que había al principio del año más todas las entradas por compras durante el mismo.

-   Si al total de mercaderías habidas en el almacén durante el año se le resta las que todavía están en el almacén a final del mismo, es evidente que la diferencia son las mercaderías salidas durante el año como consecuencia de las ventas.

Al final del año, cuando se va a cerrar el ejercicio, de la contabilidad se pueden obtener, respecto a la **REGULARIZACIÓN** de las mercaderías, los siguientes datos:

- **Existencias al principio del año (valoradas a precio de adquisición).**

- **Compras habidas durante el año (valoradas a precio de adquisición).**

Como puede observarse no se tiene información contable respecto a las existencias al final del año. Para obtener este dato lo usual es que la empresa realice un **INVENTARIO de las mercaderías existentes en dicha fecha.**

El **INVENTARIO** se obtiene mediante el **recuento físico de todas las mercaderías existentes** en la empresa al cierre del ejercicio (normalmente en 31 de diciembre) y su correspondiente **valoración**. Para cada clase de mercaderías se hará:

$$\text{Inventario} = N \times P$$

$N =$ Número de unidades físicas existentes (obtenidas por recuento).

$P =$ Precio unitario de adquisición (obtenido a la vista de las facturas de los proveedores).

Para la **REGULARIZACIÓN** contable de las mercaderías se va a suponer que las existencias al principio del año se elevaban a una cifra de 175.120 euros y a final del año a 189.555 euros.

Las existencias al principio del año (que son las obtenidas mediante inventario al final del año anterior) están recogidas en contabilidad en el debe de la cuenta **(300) MERCADERÍAS**. Para anular estas existencias se hará la siguiente anotación contable:

D   (610) VARIACIÓN DE EXISTENCIAS DE   H
                        MERCADERÍAS
                ────────────────────────────────────
                        175.120 |

D	(300) MERCADERÍAS	H
		175.120

Como puede observarse después de esta anotación contable la cuenta **(300)** queda a cero.

Respecto a las existencias de final del año (obtenidas mediante inventario) se hará la siguiente anotación contable:

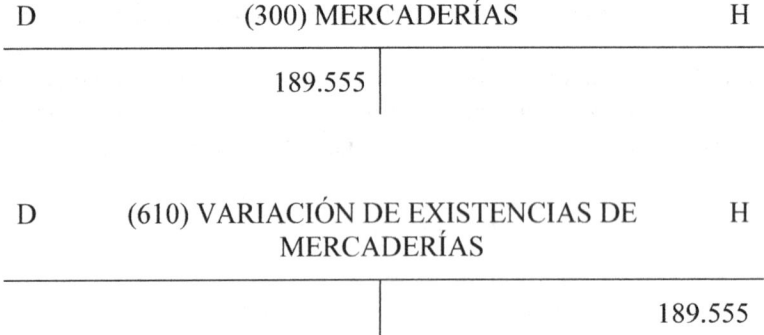

D	(300) MERCADERÍAS	H
189.555		

D	(610) VARIACIÓN DE EXISTENCIAS DE MERCADERÍAS	H
		189.555

Después de esta anotación contable se habrá dado entrada en la contabilidad a las existencias de **final del año (que serán las de principio del año siguiente)**.

Después de las anotaciones contables de regularización en contabilidad quedará recogido (como ya se indicó):

> **+**   **Compras de mercaderías durante el año.**
>
> **+ -**   **Variación de existencias de mercaderías (existencias al final del año - existencias al principio del año).**
>
> **=**   **Salidas de mercaderías durante el año (valoradas al precio de adquisición).**

Como es evidente contablemente quedará:

+ **Ventas de mercaderías (a precio de venta).**

- **Salidas de mercaderías por ventas (a precio de adquisición).**

= **Pérdida o ganancia en la venta de mercaderías.**

16.5.2 Regularización de otras existencias

La regularización de otras existencias (materias primas, productos en curso, productos terminados y otros aprovisionamientos) se hace generalmente mediante inventario al final del año.

Las anotaciones contables respecto a existencias al principio del año y a final del mismo son similares a las que se efectúan para el caso de mercaderías (véase el epígrafe anterior).

16.6 DETERMINACIÓN DEL RESULTADO ECONÓMICO A FINAL DEL EJERCICIO

A final del ejercicio todos los gastos estarán recogidos en el debe de cuentas con código con el 6 como primer dígito (6 - -) y todos los ingresos en el haber de cuentas con código con el 7 como primer dígito (7 - -).

Por tanto, para determinar contablemente el resultado (**pérdida o ganancia**) del ejercicio se hará:

A) Por todas las cuentas (**6 - -**):

D   (129) RESULTADO DEL EJERCICIO   H
_____
a + b + c +.......... |

D   (6 - -) GASTOS DE.............   H
_____
                        |
                        | a
                        |

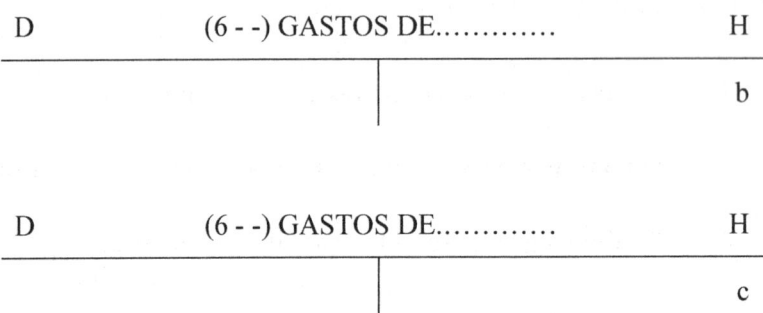

Después de esta anotación contable todas las cuentas **(6 - -) quedarán a cero, pues como estaban en el debe al anotarse en el haber quedan anuladas**. Al mismo tiempo el total de los gastos quedan recogidos en la cuenta **(129) RESULTADO DEL EJERCICIO**.

B) La otra anotación contable será, por todas las cuentas **(7 - -)**:

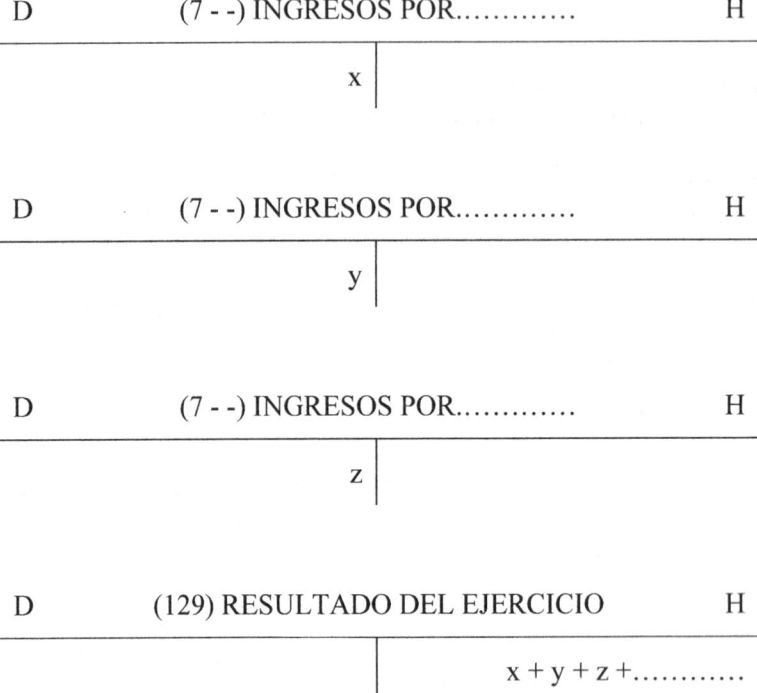

Después de esta anotación contable todas las cuentas (7 - -) quedan a cero, pues como estaban en el haber al anotarse en el debe quedan anuladas.

Al mismo tiempo el total de los ingresos queda recogido en la cuenta **(129) RESULTADO DEL EJERCICIO**.

La cuenta **(129)** recoge de acuerdo con las dos anotaciones contables anteriores:

D	(129) RESULTADO DEL EJERCICIO	H
Gastos		Ingresos

Habrá **ganancia** cuando:

$$\text{Ingresos (haber)} > \text{Gastos (debe)}$$

Es decir:

$$\textbf{Haber} - \textbf{Debe} = \textbf{Ganancia}$$

Por tanto cuando hay ganancia la cuenta (129) RESULTADO DEL EJERCICIO presenta SALDO ACREEDOR. (Cuando el haber es superior al debe).

Habrá **pérdida** cuando:

$$\text{Ingresos (haber)} < \text{Gastos (debe)}$$

Es decir:

$$\textbf{Debe} - \textbf{Haber} = \textbf{Pérdida}$$

Por tanto cuando hay pérdida la cuenta (129) RESULTADO DEL EJERCICIO presenta SALDO DEUDOR. (Cuando el debe es superior al haber).

16.7 OBTENCIÓN DE LOS ESTADOS CONTABLES FINALES

El balance que se obtiene después de todas las anotaciones contables de **REGULARIZACIÓN** es el llamado **BALANCE DE SITUACIÓN** (véase el epígrafe 3.2).

A la vista de las distintas clases de ingresos y gastos habidos durante el ejercicio se formula la **CUENTA DE PÉRDIDAS Y GANANCIAS** (véase el epígrafe 3.6).

El BALANCE DE SITUACIÓN y la CUENTA DE PÉRDIDAS Y GANANCIAS constituyen los estados contables básicos a final del ejercicio.

Pero cabe indicar que en las cuentas anuales del ejercicio (véase el capítulo siguiente) se incluyen también otros estados financieros.

Capítulo 17

CUENTAS ANUALES

17.1 FORMULACIÓN DE LAS CUENTAS ANUALES

Los administradores de la sociedad están obligados a formular, en el plazo máximo de tres meses contados a partir del cierre del ejercicio social, las cuentas anuales, el informe de gestión y la propuesta de aplicación del resultado.

17.2 DOCUMENTOS QUE INTEGRAN LAS CUENTAS ANUALES

Las **cuentas anuales** comprenden:

- **El balance**.

- **La cuenta de pérdidas y ganancias**.

- **El estado de cambios en el patrimonio neto**.

- **El estado de flujos de efectivo**.

- **La memoria**.

Estos documentos forman una unidad y deben ser redactados de conformidad con lo previsto en el Código de Comercio, Texto Refundido de la Ley de Sociedades de capital y en el Plan General de Contabilidad.

Las **cuentas anuales** deben recogerse en unos modelos determinados que pueden ser (según el tamaño de la sociedad):

- **Normales**.

- **Abreviados**.

17.3 MODELO NORMAL DE BALANCE DE SITUACIÓN

El **modelo normal de balance de situación** es el siguiente:

BALANCE DE SITUACIÓN AL CIERRE DEL EJERCICIO 20XX

ACTIVO	NOTAS de la MEMORIA	20XX	20XX-1
A) ACTIVO NO CORRIENTE			
I. Inmovilizado intangible.			
1. Investigación y desarrollo.			
2. Concesiones.			
3. Patentes, licencias, marcas y similares.			
4. Fondo de comercio.			
5. Aplicaciones informáticas.			
6. Otro inmovilizado intangible.			
II. Inmovilizado material.			
1. Terrenos y construcciones.			
2. Instalaciones técnicas, maquinaria, utillaje, mobiliario y otro inmovilizado material.			
3. Inmovilizado en curso y anticipos.			
III. Inversiones inmobiliarias.			
1. Terrenos.			
2. Construcciones.			
IV. Inversiones en empresas del grupo y asociadas a largo plazo.			
1. Acciones y participaciones en patrimonio en empresas del grupo y asociadas a largo plazo.			

2. Créditos a empresas del grupo y asociadas a largo plazo.			
3. Otras inversiones a largo plazo.			
V. Inversiones financieras a largo plazo.			
1. Acciones y participaciones en patrimonio a largo plazo.			
2. Valores representativos de deuda a largo plazo.			
3. Otras inversiones financieras a largo plazo.			
VI. Activos por impuesto diferido.			
B) ACTIVO CORRIENTE			
I. Activos no corrientes mantenidos para la venta.			
II. Existencias.			
1. Comerciales.			
2. Materias primas y otros aprovisionamientos.			
3. Productos en curso.			
4. Productos terminados.			
5. Subproductos, residuos y materiales recuperados.			
III. Deudores comerciales y otras cuentas a cobrar.			
1. Clientes por ventas y prestaciones de servicios.			
2. Anticipos a proveedores.			
3. Empresas del grupo, y asociadas, deudores.			
4. Deudores varios.			
5. Personal.			
6. Activos por impuesto corriente.			
7. Otros créditos con las Administraciones públicas.			
8. Accionistas (socios) por desembolsos exigidos.			
IV. Inversiones en empresas del grupo y asociadas a corto plazo.			
1. Acciones y participaciones en patrimonio en empresas del grupo y asociadas a corto plazo.			
2. Créditos a empresas del grupo y asociadas a corto plazo.			
3. Otras inversiones a corto plazo.			

V. Inversiones financieras a corto plazo.			
1. Acciones y participaciones en patrimonio a corto plazo.			
2. Créditos a empresas a corto plazo.			
3. Derivados financieros a corto plazo.			
4. Otras inversiones financieras a corto plazo.			
VI. Efectivo y otros activos líquidos equivalentes.			
1. Tesorería.			
2. Otros activos líquidos equivalentes.			
VII. Periodificaciones.			
TOTAL ACTIVO			

PATRIMONIO NETO Y PASIVO	NOTAS de la MEMORIA	20XX	20XX-1
A) PATRIMONIO NETO			
A-1) Fondos propios.			
I. Capital.			
1. Capital escriturado.			
2. (Capital no exigido).			
II. Prima de emisión.			
III. Reservas.			
1. Legal y estatutarias.			
2. Otras reservas.			
IV. (Acciones y participaciones en patrimonio propias).			
V. Resultados de ejercicios anteriores.			
1. Remanente.			
2. (Resultados negativos de ejercicios anteriores).			
VI. Otras aportaciones de socios.			
VII. Resultados del ejercicio.			
VIII. (Dividendo a cuenta).			

IX. Otros instrumentos de patrimonio.			
A-2) Ajustes por cambio de valor.			
I. Instrumentos financieros disponibles para la venta.			
II. Operaciones de cobertura.			
III. Diferencias de conversión.			
IV. Activos no corrientes en venta.			
V. Otros.			
A-3) Subvenciones, donaciones y legados recibidos.			
B) PASIVO NO CORRIENTE			
I. Provisiones a largo plazo.			
1. Obligaciones por prestaciones a largo plazo al personal.			
2. Actuaciones medioambientales.			
3. Provisiones por reestructuración.			
4. Otras provisiones.			
II. Deudas a largo plazo.			
1. Obligaciones y otros valores negociables.			
2. Deuda con entidades de crédito.			
3. Otras (fianzas y depósitos, efectos a pagar, etc.).			
III. Deudas con empresas del grupo y asociadas a largo plazo.			
IV. Pasivos por impuesto diferido.			
C) PASIVO CORRIENTE			
I. Pasivos no corrientes vinculados con activos mantenidos para la venta.			
II. Provisiones a corto plazo.			
III. Deudas a corto plazo.			
1. Obligaciones y otros valores negociables.			
2. Deuda con entidades de crédito.			
3. Derivados financieros a corto plazo.			
4. Otras (fianzas y depósitos, efectos a pagar, etc.).			

IV. Deudas con empresas del grupo y asociadas a corto plazo.			
1. Deudas con empresas del grupo y asociadas.			
2. Desembolsos exigidos sobre acciones.			
V. Acreedores comerciales y otras cuentas a pagar.			
1. Proveedores.			
2. Empresas del grupo y asociadas, acreedores.			
3. Acreedores varios.			
4. Personal (remuneraciones pendientes de pago).			
5. Pasivos por impuesto corriente.			
6. Otras deudas con las Administraciones Públicas.			
7. Anticipos de clientes.			
VI. Periodificaciones.			
TOTAL PATRIMONIO NETO Y PASIVO			

17.4 MODELO ABREVIADO DE BALANCE

BALANCE DE SITUACIÓN AL CIERRE DEL EJERCICIO 20XX

ACTIVO	NOTAS de la MEMORIA	20XX	20XX-1
A) ACTIVO NO CORRIENTE			
I. Inmovilizado intangible.			
II. Inmovilizado material.			
III. Inversiones inmobiliarias.			
IV. Inversiones en empresas del grupo y asociadas.			
V. Inversiones financieras a largo plazo.			
VI. Activos por impuesto diferido.			

B) ACTIVO CORRIENTE			
I. Activos no corrientes mantenidos para la venta.			
II. Existencias.			
III. Deudores comerciales y otras cuentas a cobrar.			
1. Clientes por ventas y prestaciones de servicios.			
2. Accionistas (socios) por desembolsos exigidos.			
3. Otros deudores.			
IV. Inversiones en empresas del grupo y asociadas a corto plazo.			
V. Inversiones financieras a corto plazo.			
VI. Efectivo y otros activos líquidos equivalentes.			
VII. Periodificaciones.			
TOTAL ACTIVO			

PATRIMONIO NETO Y PASIVO	NOTAS de la MEMORIA	20XX	20XX-1
A) PATRIMONIO NETO			
A-1) Fondos propios.			
I. Capital.			
1. Capital escriturado.			
2. (Capital no exigido).			
II. Prima de emisión.			
III. Reservas.			
IV. (Acciones y participaciones propias).			
V. Resultados de ejercicios anteriores.			
VI. Otras aportaciones de socios.			
VII. Resultado del ejercicio.			

VIII. (Dividendo a cuenta).			
IX. Otros instrumentos de patrimonio.			
A-2) Ajustes por cambio de valor.			
A-3) Subvenciones, donaciones y legados recibidos.			
B) PASIVO NO CORRIENTE			
I. Provisiones a largo plazo.			
II. Deudas a largo plazo.			
1. Deudas con entidades de crédito.			
2. Otras deudas a largo plazo.			
III. Deudas con empresas del grupo y asociadas a largo plazo.			
IV. Pasivos por impuesto diferido.			
C) PASIVO CORRIENTE			
I. Pasivos no corrientes vinculados con activos mantenidos para la venta.			
II. Provisiones a corto plazo.			
III. Deudas a corto plazo.			
1. Deudas con entidades de crédito.			
2. Otras deudas a corto plazo.			
IV. Deudas con empresas del grupo y asociadas a corto plazo.			
V. Acreedores comerciales y otras cuentas a pagar.			
1. Proveedores.			
2. Otros acreedores.			
VI. Periodificaciones.			
TOTAL PATRIMONIO NETO Y PASIVO			

17.5 MODELO NORMAL DE CUENTA DE PÉRDIDAS Y GANANCIAS

CUENTA DE PÉRDIDAS Y GANANCIAS CORRESPONDIENTE AL EJERCICIO TERMINADO EL......... DE 20XX

	Nota	(Debe) Haber	
		20XX	20XX-1
A) OPERACIONES CONTINUADAS			
1. Importe neto de la cifra de negocios.			
a) Ventas.			
b) Prestaciones de servicios.			
2. Variación de existencias de productos terminados y en curso de fabricación.			
3. Trabajos realizados por la empresa para su activo.			
4. Aprovisionamientos.			
a) Consumo de mercaderías.			
b) Consumo de materias primas y otras materias consumibles.			
c) Trabajos realizados por otras empresas.			
d) Deterioro de mercaderías, materias primas y otros aprovisionamientos.			
5. Otros ingresos de explotación.			
a) Ingresos accesorios y otros de gestión corriente.			
b) Subvenciones de explotación incorporadas al resultado del ejercicio.			
6. Gastos de personal.			
a) Sueldos, salarios y asimilados.			
b) Cargas sociales.			
c) Provisiones.			
7. Otros gastos de explotación.			
a) Servicios exteriores.			
b) Tributos.			
c) Otros gastos de gestión corriente.			
8. Amortización del inmovilizado.			

9. Imputación de subvenciones de capital y otras.			
10. Exceso de provisiones.			
11. Deterioro y enajenaciones del inmovilizado.			
a) Deterioro.			
b) Enajenaciones y otras.			
12. Otros resultados.			
A.1) RESULTADO DE EXPLOTACIÓN (1+/-2+3-4+5-6-7-8+9+/-10+/-11+/-12)			
13. Ingresos financieros.			
a) De participaciones en instrumentos de patrimonio			
1) En empresas del grupo y asociadas.			
2) En terceros.			
b) De valores negociables y de créditos del activo inmovilizado			
1) De empresas del grupo y asociadas.			
2) De terceros.			
14. Gastos financieros.			
a) Por deudas con empresas del grupo y asociadas.			
b) Por deudas con terceros.			
15. Variación de valor razonable en instrumentos financieros.			
a) Cartera de negociación y otros.			
b) Derivados financieros.			
c) Imputación al resultado del ejercicio por activos financieros disponibles para la venta.			
16. Diferencias de cambio.			
17. Deterioro, bajas y enajenaciones de instrumentos financieros.			
a) De empresas del grupo y asociadas.			
b) De terceros.			
A.2) RESULTADO FINANCIERO (13-14+/-15+/-16+/-17)			
A.3) RESULTADO ANTES DE IMPUESTOS (+/-A.1+/-A.2)			
18. Impuesto sobre beneficios.			

A.4) RESULTADO EJERCICIO PROCEDENTE DE OPERACIONES CONTINUADAS (+/-A.3+/-18)			
B) OPERACIONES INTERRUMPIDAS			
19. Resultado del ejercicio procedente de operaciones interrumpidas.			
A.5) RESULTADO DEL EJERCICIO (+/-A.4+/-19)			

17.6 MODELO ABREVIADO DE CUENTA DE PÉRDIDAS Y GANANCIAS

CUENTA DE PÉRDIDAS Y GANANCIAS CORRESPONDIENTE AL EJERCICIO TERMINADO EL………….. DE 20XX

	Nota	(Debe) Haber	
		20XX	20XX-1
1. Importe neto de la cifra de negocios.			
2. Variación de existencias de productos terminados y en curso de fabricación.			
3. Trabajos realizados por la empresa para su activo.			
4. Aprovisionamientos.			
5. Otros ingresos de explotación.			
6. Gastos de personal.			
7. Otros gastos de explotación.			
8. Amortización del inmovilizado.			
9. Imputación de subvenciones de capital y otras.			
10. Exceso de provisiones.			
11. Deterioro y enajenaciones del inmovilizado.			
12. Otros resultados.			
A.1) RESULTADO DE EXPLOTACIÓN (1+/-2+3-4+5-6-7-8+9+/-10+/-11+/-12)			

13. Ingresos financieros.			
14. Gastos financieros.			
15. Variación de valor razonable en instrumentos financieros.			
16. Diferencias de cambio.			
17. Deterioro, bajas y enajenaciones de instrumentos financieros.			
B) RESULTADO FINANCIERO (13-14+/-15+/-16+/-17)			
A.3) RESULTADO ANTES DE IMPUESTOS (+/-A+/-B)			
18. Impuesto sobre beneficios.			
A.5) RESULTADO DEL EJERCICIO (+/-C+/-18)			

17.7 ESTADO DE CAMBIOS EN EL PATRIMONIO NETO

El **estado de cambios en el patrimonio neto** consta de dos partes:

- **Estado de ingresos y gastos reconocidos.**

- **Estado total de cambios en el patrimonio neto.**

MODELO NORMAL DEL ESTADO DE CAMBIOS EN EL PATRIMONIO NETO

	Notas en la memoria	20XX	20XX-1
A) Resultado de la cuenta de pérdidas y ganancias			
B) Ingresos y gastos imputados directamente al patrimonio neto.			
I. Por valoración de activos y pasivos.			
1. Ingresos/gastos de activos financieros disponibles para la venta.			
2. Ingresos/gastos por pasivos a valor razonable con cambios en el patrimonio neto.			
3. Otros ingresos/gastos.			

II. Por coberturas.
   1. Ingresos/gastos por coberturas de flujos de efectivo.
   2. Ingresos/gastos por cobertura de inversión neta en el extranjero.
III. Diferencias de conversión.
IV. Subvenciones, donaciones y legados.
V. Efecto impositivo.			

Total ingresos y gastos imputados directamente al patrimonio neto (+/-I+/-II+/-III+IV+/-V)			

C) Transferencias a la cuenta de pérdidas y ganancias.
  VI. Por valoración de activos y pasivos.
   1. Ingresos/gastos de activos financieros disponibles para la venta.
   2. Ingresos/gastos por pasivos a valor razonable con cambios en el patrimonio neto.
   3. Otros ingresos/gastos.
  VII. Por coberturas.
   1. Ingresos/gastos por coberturas de flujos de efectivo.
   2. Ingresos/gastos por cobertura de inversión neta en el extranjero.
  VIII. Diferencias de conversión.
  IX. Subvenciones, donaciones y legados.
  X. Efecto impositivo.			

Total transferencias a la cuenta de pérdidas y ganancias (+/-VI+/-VII+/-VIII-IX+/-X)			
TOTAL DE INGRESOS Y GASTOS RECONOCIDOS (+/-A+/-B+/-C)			

| | CAPITAL | | Prima de emisión o asunción | Otras reservas | (Acciones y participacion es propias) | Resultado de ejercicios anteriores | Otras aportaciones de socios | Resultado del ejercicio | (Dividendo a cuenta entregado) | Otros instrumentos de patrimonio | Ajustes por cambio de valor | Subvenciones donaciones y legados |
	Suscrito	No exigido										
A. SALDO, FINAL DEL AÑO 200X-2.												
I. Ajustes por cambio de criterio 200X-2 y anteriores.												
II. Ajustes por errores 200X-2 y anteriores.												
B. SALDO AJUSTADO, INICIO DEL AÑO 200X-1												
I. Total de ingresos y gastos reconocidos.												
II. Operaciones con socios o propietarios.												
1. Aumentos de capital.												
2. (-) Reducciones de capital.												
3. Conversión de pasivos financieros en patrimonio neto (conversión obligaciones, condonaciones de deudas).												
4. (-) Distribución de dividendos.												
5. Operaciones con acciones o participaciones propias (netas).												
6. Incremento (reducción) de patrimonio neto resultante de una combinación de negocios.												
7. Emisiones y cancelaciones de otros instrumentos de patrimonio neto.												
III. Otras variaciones del patrimonio neto.												
C. SALDO, FINAL DEL AÑO 200X-1												
I. Ajustes por cambio de criterio 200X-1.												
II. Ajustes por errores 200X-1.												
D. SALDO AJUSTADO, INICIO DEL AÑO 200X												
I. Total de ingresos y gastos reconocidos.												
II. Operaciones con socios o propietarios.												
1. Aumentos de capital.												
2. (-) Reducciones de capital.												
3. Conversión de pasivos financieros en patrimonio neto (conversión obligaciones, condonaciones de deudas).												
4. (-) Distribución de dividendos.												
5. Operaciones con acciones o participaciones propias (netas).												
6. Incremento (reducción) de patrimonio neto resultante de una combinación de negocios.												
7. Emisiones y cancelaciones de otros instrumentos de patrimonio neto.												
III. Otras variaciones del patrimonio neto.												
E. SALDO, FINAL DEL AÑO 200X												

MODELO ABREVIADO DEL ESTADO DE CAMBIOS EN EL PATRIMONIO NETO

	Notas en la memoria	Ejercicio terminado 20XX	Ejercicio terminado 20XX-1
A) Resultado de la cuenta de pérdidas y ganancias.			
B) Ingresos y gastos imputados directamente al patrimonio neto. I. Por valoración de activos y pasivos. II. Por coberturas. III. Diferencias de conversión. IV. Subvenciones, donaciones y legados. V. Efecto impositivo.			
Total ingresos y gastos imputados directamente al patrimonio neto (+/-I+/-II+/-III+IV+/-V)			
C) Transferencias a la cuenta de pérdidas y ganancias. VI. Por valoración de activos y pasivos. VII. Por coberturas. VIII. Diferencias de conversión. IX. Subvenciones, donaciones y legados. X. Efecto impositivo.			
Total transferencias a la cuenta de pérdidas y ganancias (+/-VI+/-VII+/-VIII-IX+/-X)			
TOTAL DE INGRESOS Y GASTOS RECONOCIDOS (+/-A+/-B+/-C)			

	Capital Suscrito	Capital No exigido	Prima de emisión o asunción	Otras reservas	(Acciones y participaciones propias)	Resultado de ejercicios anteriores	Otras aportaciones de socios	Resultado del ejercicio	(Dividendo a cuenta entregado)	Otros instrumentos de patrimonio	Ajustes por cambio de valor	Subvenciones donaciones y legados
A. SALDO, FINAL DEL AÑO 200X-2												
I. Ajustes por cambio de criterio 200X-2 y anteriores.												
II. Ajustes por errores 200X-2 y anteriores.												
B. SALDO AJUSTADO, INICIO DEL AÑO 200X-1												
I. Total de ingresos y gastos reconocidos.												
II. Operaciones con socios o propietarios.												
1. Aumentos de capital.												
2. (-) Reducciones de capital.												
3. Conversión de pasivos financieros en patrimonio neto (conversión obligaciones, condonaciones de deudas).												
4. (-) Distribución de dividendos.												
5. Operaciones con acciones o participaciones propias (netas)												
6. Incremento (reducción) de patrimonio neto resultante de una combinación de negocios.												
7. Emisiones y cancelaciones de otros instrumentos de patrimonio neto.												
III. Otras variaciones del patrimonio neto.												
C. SALDO, FINAL DEL AÑO 200X-1												
I. Ajustes por cambio de criterio 200X-1.												
II. Ajustes por errores 200X-1.												
D. SALDO AJUSTADO, INICIO DEL AÑO 200X												
I. Total de ingresos y gastos reconocidos.												
II. Operaciones con socios o propietarios.												
1. Aumentos de capital.												
2. (-) Reducciones de capital.												
3. Conversión de pasivos financieros en patrimonio neto (conversión obligaciones, condonaciones de deudas).												
4. (-) Distribución de dividendos.												
5. Operaciones con acciones o participaciones propias (netas).												
6. Incremento (reducción) de patrimonio neto resultante de una combinación de negocios.												
7. Emisiones y cancelaciones de otros instrumentos de patrimonio neto.												
III. Otras variaciones del patrimonio neto.												
E. SALDO, FINAL DEL AÑO 200X												

17.8 ESTADO DE FLUJOS DE EFECTIVO

El **estado de flujos de efectivo** informa sobre el origen y la utilización de los activos monetarios representativos de efectivo y otros activos líquidos equivalentes, clasificando los movimientos por actividades e indicando la variación neta de dicha magnitud en el ejercicio.

Los flujos se clasifican en las siguientes actividades:

- **Flujos de efectivo de las actividades de explotación**.

- **Flujos de efectivo de las actividades de inversión**.

- **Flujos de efectivo de las actividades de financiación**.

MODELO NORMAL DEL ESTADO DE FLUJOS DE EFECTIVO

	NOTAS	20XX	20XX-1
A) FLUJOS DE EFECTIVO DE LAS ACTIVIDADES DE EXPLOTACIÓN			
1. Resultado del ejercicio antes de impuestos.			
2. Ajustes del resultado.			
Amortización del inmovilizado (+).			
Correcciones valorativas por deterioro (+/-).			
Valoración de provisiones (+/-).			
Resultados por bajas y enajenaciones del inmovilizado (+/-).			
Resultados por bajas y enajenaciones de instrumentos financieros (+/-).			
Ingresos financieros (-).			
Gastos financieros (+).			
Diferencias de cambio (+/-).			
Variación de valor razonable en instrumentos financieros (+/-).			
Otros ingresos y gastos (-/+).			
3. Cambios en el capital corriente.			
Existencias (+/-).			
Deudores y otras cuentas a cobrar (+/-).			
Otros activos corrientes (+/-).			

Acreedores y otras cuentas a pagar (+/-).			
Otros pasivos corrientes (+/-).			
4. Otros flujos de efectivo de las actividades de explotación.			
Pagos de intereses (-).			
Cobros de dividendos (+).			
Cobros de intereses (+).			
Pagos (cobros) por impuesto sobre beneficios (-/+).			
5. Flujos de efectivo de las actividades de explotación (+/-1+/-2+/-3+/- 4).			
B) FLUJOS DE EFECTIVO DE LAS ACTIVIDADES DE INVERSIÓN			
6. Pagos por inversiones (-).			
Empresas del grupo y asociadas.			
Inmovilizado intangible.			
Inmovilizado material.			
Inversiones inmobiliarias.			
Otros activos financieros.			
Activos no corrientes mantenidos para la venta.			
Otros activos.			
7. Cobros por desinversiones (+).			
Empresas del grupo y asociadas.			
Inmovilizado intangible.			
Inmovilizado material.			
Inversiones inmobiliarias.			
Otros activos financieros.			
Activos no corrientes mantenidos para la venta.			
Otros activos.			
8. Flujos de efectivo de las actividades de inversión (7-6).			
C) FLUJOS DE EFECTIVO DE LAS ACTIVIDADES DE FINANCIACIÓN			
9. Aumentos y disminuciones de instrumentos de patrimonio.			
Instrumentos de patrimonio.			
Amortización de instrumentos de patrimonio.			
Adquisición de instrumentos de patrimonio propio.			
Enajenación de instrumentos de patrimonio propio.			

10. Aumentos y disminuciones en instrumentos de pasivo financiero. Emisión: Obligaciones y valores similares (+). Deudas con entidades de crédito (+). Deudas con empresas del grupo y asociadas (+). Otras (+). Devolución y amortización de: Obligaciones y valores similares (-). Deudas con entidades de crédito (-). Deudas con empresas del grupo y asociadas (-). Otras (-). **11. Pagos por dividendos y remuneraciones de otros instrumentos de patrimonio.** Dividendos (-). Remuneración de otros instrumentos de patrimonio (-). **12. Flujos de efectivos de las actividades de financiación (+/-9+/-10-11).**			
D) EFECTO DE LAS VARIACIONES DE LOS TIPOS DE CAMBIO			
E) AUMENTO/DISMINUCIÓN NETA DEL EFECTIVO O EQUIVALENTES (+/-A+/-B+/-C+/-D)			
Efectivo o equivalentes al comienzo del ejercicio. Efectivo o equivalentes al final del ejercicio.			

17.9 CONTENIDO DE LA MEMORIA (VERSIÓN NORMAL)

Recoge los siguientes epígrafes:

1   Actividad de la empresa.

2   Bases de presentación de las cuentas anuales.

3   Aplicación de resultados.

4   Normas de registro y valoración.

5   Inmovilizado material.

6   Inversiones inmobiliarias.

7   Inmovilizado intangible.

8   Arrendamientos y otras operaciones de naturaleza similar.

9   Instrumentos financieros.

10   Existencias.

11   Moneda extranjera.

12   Situación fiscal.

13   Ingresos y gastos.

14   Provisiones y contingencias.

15   Información sobre el medioambiente.

16   Retribuciones a largo plazo al personal.

17   Transacciones con pagos basados en instrumentos de patrimonio.

18   Subvenciones, donaciones y legados.

19   Combinaciones de negocios.

20   Negocios conjuntos.

21   Activos no corrientes mantenidos para la venta y operaciones interrumpidas.

22   Hechos posteriores al cierre.

23   Operaciones con partes vinculadas.

24   Otra información.

25   Información segmentada.

17.10 CONTENIDO DE LA MEMORIA (VERSIÓN ABREVIADA)

Recoge los siguientes epígrafes:

1   Actividad de la empresa.

2   Bases de presentación de las cuentas anuales.

3   Aplicación de resultados.

4   Normas de registro y valoración.

5   Inmovilizado material, intangible e inversiones inmobiliarias.

6   Activos financieros.

7   Pasivos financieros.

8   Fondos propios.

9   Situación fiscal.

10 Ingresos y gastos.

11 Subvenciones, donaciones y legados.

12 Operaciones con partes vinculadas.

13 Otra información.

ÍNDICE ALFABÉTICO

SÍGUENOS EN INSTAGRAM Y ACCEDE GRATIS A NUESTRA BIBLIOTECA DIGITAL DURANTE 30 DÍAS.

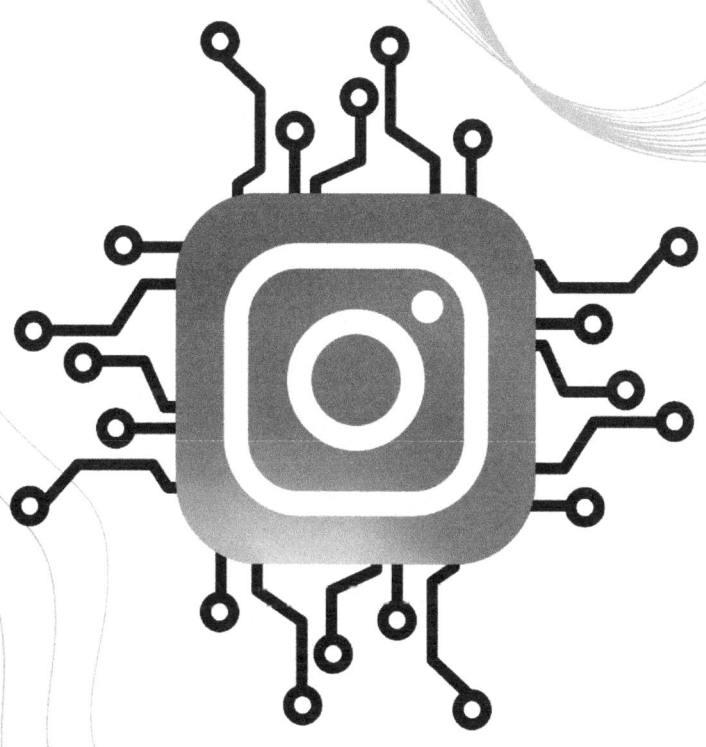

@grupoeditorialrama

¡ENVIANOS TU MAIL POR PRIVADO!

Grupo Editorial
ra-ma

40 ANIVERSARIO